M. TULLIUS CICERO

ORATIONES IN VERREM

ERLÄUTERUNGEN

Herausgegeben von

Rudolf Greve

SCHÖNINGH VERLAG

www.schoeningh-schulbuch.de
Schöningh Verlag, Jühenplatz 1–3, 33098 Paderborn

Druck 15 14 13 / Jahr 2009 08 07
Die letzte Zahl bezeichnet das Jahr dieses Druckes.

Druck und Bindung: AZ Druck und Datentechnik GmbH/Kempten (Allgäu)

ISBN 978-3-14-010823-2

VORWORT

Die Grundsätze, nach denen ich die Erläuterungen zu Ciceros „Orationes in Verrem" abgefaßt habe, sind im wesentlichen dieselben, die für mich bei der Herausgabe von Caesars „Bellum civile" maßgebend waren. Ich kann also auf das Vorwort zu den Erläuterungen zum „Bellum civile" (LK 32b) verweisen. Nur zu einem Problem möchte ich mich noch einmal äußern. Bei der Erklärung lateinischer Redewendungen habe ich mich — sofern die einzelnen Vokabeln der Wendung den Schülern bekannt sein müßten — mit einer freien Wiedergabe des Sinnes begnügt. So wird *ante oculis praecipere* einfach erklärt mit „vorher zu sehen bekommen", *classis nomine* mit „angeblich für die Flotte". Zu überlegen, was diese Ausdrücke eigentlich bedeuten, bleibt dem Schüler überlassen. Auch in meinem Kommentar zum „Bellum civile" habe ich dieses Verfahren angewandt. In einer Kritik zu diesem Kommentar wurde die Befürchtung ausgesprochen, daß „der größere Teil der Schüler . . . die angegebene Übersetzung dankbar, aber gedankenlos übernehmen" werde und infolgedessen die eigene Arbeitsleistung des Schülers zu gering sei. Ich teile diese Auffassung nicht, denn der Lateinlehrer wird ja im Unterricht glatte Übersetzungen nicht ohne weiteres hinnehmen, sondern (und zwar schon von der Tertia an) verlangen, daß der Übersetzer bei einer lateinischen Redewendung jedes Wort sowie jede Wortform und ihre Funktion deuten kann. Dem Schüler bleibt also, meine ich, das eigene Denken keineswegs erspart. Im übrigen bin ich der Meinung, daß bei der geringen Stundenzahl des Lateinunterrichts reichliche Hilfen notwendig sind, wenn die Lektüre nicht allzu schleppend verlaufen soll.

Daß ich bei der Ausarbeitung der Erläuterungen besonders die bekannten Ausgaben von Zumpt, Richter-Eberhard, Halm, Hachtmann oft herangezogen habe, bedarf wohl kaum der Erwähnung. Für alle Anregungen und Hinweise, die mir diese und andere Ausgaben gegeben haben, bin ich sehr dankbar. Wer sich über die Verhältnisse Siziliens zur Zeit des Verres genauer unterrichten will, sei verwiesen auf A. Holm, Geschichte Siziliens im Altertum, III. Band (Leipzig, 1898).

Münster, im Herbst 1967 *Rudolf Greve*

Zur Beachtung

1. Ist die angegebene deutsche Bedeutung (*Kursivdruck*) von dem lateinischen Wort durch einen Doppelpunkt : getrennt, so liegt eine Sonderbedeutung oder die freie Wiedergabe einer Wendung vor. Bisweilen steht anstatt des Doppelpunktes auch ein Wort wie „hier“, „auch“, „oft“, „also“.
   Wenn aber die deutsche Bedeutung (*Kursivdruck*) unmittelbar hinter einem lateinischen Wort steht, so handelt es sich um die Grundbedeutung. In diesem Falle sind alle langen Vokale des lateinischen Wortes durch einen Strich - gekennzeichnet. — Im übrigen sind die Quantitäten nur in besonderen Fällen angegeben.

2. Lateinische Ergänzungen in Klammern ( ) sind Zusätze des Herausgebers, die den Zusammenhang ohne deutsche Erläuterungen klären sollen.

3. Abkürzungen:

D:	Divinatio
AP:	Actio prima
I, II, III, IV, V:	die fünf Reden der Actio secunda Bei Hinweisen innerhalb derselben Rede ist das Zeichen (D, AP) oder die Zahl der Rede nicht angegeben.
vgl.:	vergleiche den lateinischen Text
s. Einl.:	siehe Einleitung (Textband S. 5 ff.)
s. EN:	siehe Erklärung der Namen (Textbd. S. 145 ff.)
s. zu:	siehe Erläuterungen zu
s. Sprache:	siehe Ciceros Sprache (Erläuterungen S. 5 ff.)
s. Anhang:	siehe Anhang (Erläuterungen S. 110 ff.)

CICEROS SPRACHE

1. In Rom galt es als selbstverständlich, daß eine in der Öffentlichkeit gehaltene Rede, eine politische Rede wie auch eine Gerichtsrede, nicht nur in sachlicher Art die Zuhörer belehren sollte; sie sollte auch fesseln und Stimmung machen, sie sollte mitreißen zu leidenschaftlicher Bewunderung wie zu tiefster Empörung, zu maßloser Begeisterung wie zu schärfster Ablehnung; sie sollte ein vollendetes sprachliches Kunstwerk sein. Von dem Redner verlangte man daher, daß er alle Kunstmittel der Rhetorik beherrschte und diese Mittel mit sicherem Geschmack anzuwenden verstand. Für die Söhne gebildeter und politisch interessierter Familien stand die Übung in der Redekunst im Mittelpunkt des gesamten Unterrichts (s. Einl. 11 und Fußnote 18).

2. Stilarten — In der damaligen Rhetorik wurden drei Stilarten unterschieden:

Der einfache (schlichte) Stil verzichtet auf Periodenbau, auf bildliche Ausdrücke — soweit sie nicht in der Umgangssprache der Gebildeten allgemein üblich waren — und auf Figuren. Er wird in rein erzählenden Abschnitten angewendet, besonders im Anfang von Erzählungen (z. B. II 68, Sopater quidam . . .; II 83).

Der hohe Stil ist gekennzeichnet durch kunstvollen Periodenbau, durch Ausrufe und rhetorische Fragen, durch ungewöhnliche bildliche Ausdrücke, durch Reichtum an Figuren aller Art, überhaupt durch Schwung, Fülle und Kühnheit des Ausdrucks, ferner durch ein Element, das uns ganz fremd ist, die rhythmische Klausel (s. 5). Im hohen Stil sind die Teile der Reden gehalten, die von flammender Leidenschaftlichkeit erfüllt sind; das sind besonders die Schlußkapitel der Abschnitte (z. B. IV 68 ff., IV 79 ff., V 119 ff., V 169 f., V 184—189).

Der mittlere Stil steht zwischen den beiden anderen Stilarten; er verwendet im wesentlichen dieselben Kunstmittel wie der hohe Stil, aber in bescheidenerem Maße; er vermeidet allzu kühne Bilder und hält sich frei von leidenschaftlichem Schwung. Dieser Stil herrscht besonders in den Abschnitten, in denen der Redner überzeugende Sachlichkeit anstrebt (z. B. in großen Teilen von D, ferner in Einleitungen wie AP 1 ff., I 1 ff.).

Diese drei Stilarten in angemessenem Wechsel zu verwenden, also je nach Inhalt und Zweck der Ausführungen die passende Redeform zu finden, erforderte angeborenes Feingefühl und langjährige Übung.

3. Einige oft vorkommende Figuren:

a) Alliteration: voce ac viribus (D 39); audendum . . . audiendum (I 2); legati laedant, legatio laudet (II 114).

b) Anapher (mehrere Sätze oder Satzglieder beginnen mit demselben Wort): **tamen** viermal, **cur** viermal (D 21); **nihil** dreimal (D 43); **quod** viermal (IV 66); **te, te, abs te** (IV 79); **cur** fünfmal (IV 79); **est** fünfmal, wobei die Wirkung noch dadurch verstärkt wird, daß sich an jedes est ein Genetiv mit folgendem **quod** anschließt (IV 88).

c) Antithese: antea multis, nunc omnibus (II 83); legati laedant, legatio laudet (II 114); tum imperator, nunc praetor (IV 77).

d) Asyndeton: transigere, expedire, absolvere (D 45); conservare, tueri, confirmare (D 72); pecuniae, socii, cives, homines nocentissimi, honestissimi, portus, urbes, nautae, socii, classes (AP 13); violatum, spoliatum, eiectum (IV 68); publicis privatis, sacris profanis (paarweise gruppiert, IV 120); legati, quaestoris, praetoris . . . potestatem, honorem, auctoritatem (V 83); nomini, generi, iuri (V 169).

e) Chiasmus (Kreuzstellung): ad audendum proiectus, paratus ad audiendum (I 2); honorem ut proditori, ut amico fidem (I 38); corrigat mores, peccata reprehendat (III 2); cultorem desiderare, lugere dominum (III 47); non spoliis . . , sed ornamentis, commodis . . , non furtis (IV 6); urbis ornamenta, ornamento urbi (IV 121). — Einen Gegensatz zum Chiasmus bildet der **Parallelismus**, der sich oft mit Anapher, gelegentlich auch mit Alliteration oder Endreim (Homoioteleuton) verbindet: basis restituatur, nomen incidatur, signum reponatur (IV 82); s. auch Beispiele unter b und a. — Mischung von Chiasmus und Parallelismus: Athenis Minervam, Deli Apollinem, Iunonem Sami, Pergae Dianam (IV 71).

f) Hendiadyoin; siehe 4.

4. Fülle des Ausdrucks. Hendiadyoin

a) Fülle des Ausdrucks ist ein wesentliches Merkmal des hohen und mittleren Stils. An manchen Stellen verwendet der Redner, auch wenn ein Wort zur klaren Darstellung genügen würde, zwei oder mehr sinnverwandte Wörter: transigere, expedire, absolvere (alle drei Verben bedeuten im wesentlichen dasselbe, nämlich *erledigen, vollenden*; D 45); quid effecisti, quid assecutus es? (III 43); forum, subsellia, lis, iudicium (vier verschiedene Ausdrücke für *Gericht* in demselben Satz; III 26).

b) Hendiadyoin („eins durch zwei"): die „Bezeichnung eines Begriffs durch zwei nebengeordnete" (Duden). Diese Figur kommt sehr oft vor; man verwendet statt eines Wortes gern zwei mit **et (-que, atque, ac)** verbundene Wörter gleicher oder sehr ähnlicher Bedeutung. Nicht selten soll durch den Doppelausdruck nur Fülle und verstärkte Klangwirkung erreicht werden: **composita comparataque** (III 21); **expulsam et eiectam** (V 91); **inflammari incendique** (V 91)[1]. In den meisten Fällen ist aber wohl zugleich eine Verstärkung des Begriffsinhalts beabsichtigt: **rogare et orare:** *flehentlich bitten* (D 3); **sedes ac domicilium:** *dauernder Wohnsitz* (II 6); **opem auxiliumque:** *wirksame Hilfe* (II 9); **commotus perturbatusque:** *in größter Aufregung* (IV 85).

Bisweilen weichen die beiden Wörter, wenn auch eng verwandt, doch so viel in ihrer Bedeutung voneinander ab, daß das zweite nicht als bloße Wiederholung des ersten erscheint. Wenn z. B. ein Mensch als **spoliatus expilatusque** bezeichnet wird (IV 63), so geben die beiden Partizipien den Sachverhalt unter etwas verschiedenen Aspekten wieder: *ausgezogen und ausgeplündert*; man hört heraus, daß der Betroffene sozusagen „bis aufs Hemd" ausgeplündert worden ist (in diesem Falle freilich eine rhetorische Übertreibung). Auch bei dem Wortpaar **nuda atque inanis**, von einem Haus gesagt (II 84), decken sich die beiden Begriffe nicht, aber sie ergänzen sich. Das Gleiche gilt für die Verbindungen **moneo praedicoque:** *ich mahne laut und eindringlich* (AP 43), **adiungitur et continetur:** *wird fest verbunden* (IV 117). Natürlich sind die Grenzen zwischen Wortverbindungen dieser Art und denen der ersten Gruppe nicht scharf. Wir können uns ja kein Urteil darüber erlauben, ob das lateinische Sprachgefühl nicht auch einen Bedeutungsunterschied zwischen inflammare und incendere, zwischen expellere und eicere empfunden hat[2].

---

[1] In der Verbindung piratis praedonibusque (AP 13) ist das erste Wort ein Fremdwort, das zweite ein lateinisches Wort; das zweite Wort hat dieselbe Bedeutung wie das erste, ist also inhaltlich überflüssig. Aber es folgen noch zwei Wortpaare (nautae militesque, socii atque amici), und daher braucht Cicero der Symmetrie halber anstatt eines Wortes für Seeräuber zwei. Übrigens wird dadurch, daß dem etwas schwachen Wort piratis das längere und voller klingende praedonibusque folgt, auch eine starke Klangwirkung erreicht.

[2] Im guten deutschen Stil gelten Wortverbindungen, in denen das zweite Wort kaum etwas anderes aussagt als das erste, im allgemeinen als phrasenhaft und daher als anstößig. Aber auch bei deutschen Dichtern, die es lieben, „den Begriff, der am Schluß eines Satzes steht, mit zwei Worten wiederzugeben, um so den Satzrhythmus abzurunden" (Ludwig Reiners, Stilkunst), kommt es vor, daß von den beiden Wörtern inhaltlich eins

c) Als **Hendiadyoin** bezeichnet man auch Verbindungen wie die folgenden: **causa ratioque:** *wohlerwogene Gründe* (D 1); **tempus atque officium:** *eine Pflicht, die sich aus den Verhältnissen ergibt* (D 4); **labor atque officium:** *beschwerliche Pflicht* (D 5); **petitiones rationesque:** *wohlberechnete Angriffsarten* (D 44); **labor et vigiliae:** *Arbeit in schlaflosen Nächten* (AP 6, ähnlich D 72); **humanitas consuetudoque:** *gewohnte Liebenswürdigkeit* (I 65); **brevitas ac tempus:** *knapp bemessene Zeit* (I 103); **religio officii:** *heilige Verpflichtung* (III 2); **morbus et insania:** *Geisteskrankheit* (in IV 1, wo Kleptomanie gemeint ist, sagt man besser: *krankhafte Veranlagung*);**opus artificiumque:** *künstlerische Arbeit* (IV 72); **vis numenque:** *mächtiges Walten* (IV 107); **os et angustiae:** *enge Mündung; enge Einfahrt* (IV 129); **timor et fuga:** *feige Flucht* (V 101); **oculi animusque:** *geistiges Auge* (V 144); **vox et imploratio:** *lauter Hilferuf* (V 147); **opinio et religio:** *frommer Glaube* (V 185). Bei Doppelausdrücken dieser Art — es sind nur substantivische Wortpaare! — trifft genau genommen die Bezeichnung Hendiadyoin nicht zu, denn vom lateinischen Standpunkt aus gesehen liegt bei ihnen kein „Eins durch zwei" vor; es sind vielmehr von vornherein zwei Begriffe vorhanden; es werden zwei Wörter verschiedener Bedeutung miteinander durch „und" verbunden und damit als gleichrangig nebeneinander gestellt, während man im Deutschen das eine Wort als den Hauptbegriff empfindet und ihm das andere unterordnet. Man kann einwenden, daß in einigen Beispielen die beiden Wörter nicht völlig bedeutungsverschieden seien, z. B. **timor** und **fuga** oder **vox** und **imploratio**, denn die Flucht entspringe eben der Furcht, und ein Hilferuf werde mit der Stimme hervorgebracht. Dieser Einwand trifft aber den Kern der Sache nicht. Die Furcht muß ja nicht notwendigerweise zur Flucht führen, und die Stimme kann alle möglichen Äußerungen hervorbringen, die mit einem Hilferuf nichts zu tun haben. In allen angeführten Beispielen bringt das zweite Wort einen neuen Begriff hinzu, der in dem ersten nicht enthalten ist und keineswegs mit ihm verbunden werden muß.

5. Klauseln

a) Seit dem Ende des 5. Jahrhunderts pflegten griechische Redner ihre Reden rhythmisch zu gestalten, also den Wechsel von langen und kurzen Silben gewissen Regeln zu unterwerfen. Dabei wurden Rhythmen, die in der Versdichtung allgemein üblich waren, besonders Daktylen und Jamben, durchweg ge-

überflüssig ist: „. . . was er von ihrer Treue hoffen und erwarten müsse" (Goethe); „. . . während ihre nassen Augen glänzten und lachten" (Ricarda Huch). Wenn man in diesen Beispielen, die Reiners anführt, „das eine Wort streicht, so verliert der Inhalt wenig, der Rhythmus alles."

mieden. Da vor allem der Schluß eines Satzes ins Ohr fällt, bei längeren Perioden auch der Schluß eines Teils der Periode, legte man in erster Linie Wert auf rhythmisch gestaltete Schlüsse, die „Klauseln". Die römische Rhetorik hat diese Technik übernommen, und Cicero hat sie zu größter Vollendung ausgebildet. Im hohen Stil verwendet er die Klauseln sehr reichlich, im mittleren Stil nur an wichtigeren Stellen. Von der Bedeutung der Klauseln sagt Cicero (De oratore III 192): „Clausulas autem diligentius etiam servandas esse arbitror quam superiora, quod in eis maxime perfectio atque absolutio iudicatur. Nam versus aeque prima et media et extrema pars attenditur, qui debilitatur, in quacumque est parte titubatum; in oratione autem pauci prima cernunt, postrema plerique; quae quoniam apparent et intelleguntur, varianda sunt, ne aut animorum iudiciis repudientur aut aurium satietate."

b) **Die beliebtesten Klauselrhythmen** sind – ⏑ – **(Creticus)**, – – – **(Molossus)**, – – **(Spondeus)** und – ⏑ **(Trochäus)**. Die Pause, die der Redner am Schluß einer Periode oder eines ihrer Teile macht, gestattet es, eine schließende kurze Silbe metrisch als Länge zu werten. Die schließende Länge einer Klausel kann daher — ebenso wie in der Dichtung die Länge am Ende eines Verses — durch eine kurze Silbe ersetzt werden. Beim Trochäus kann die letzte Silbe, die in der Normalform kurz ist, auch durch eine Länge gebildet werden [3]. In den folgenden Beispielen wird der Einfachheit halber die letzte Silbe jeder Klausel mit ⏒ bezeichnet.

c) **Bei Cicero erscheinen folgende Klauseln:**

1a	– ⏑ – | – ⏒	Cr + Tr (die häufigste Klausel)
1b	– ⏑ – | – ⏑ – ⏒	Cr + 2 Tr
1c	– ⏑ – – ⏑ ⏒	2 Cr
2a	– – – | – ⏑ ⏒	M + Cr
2b	– – – | – ⏑ – ⏒	M + 2 Tr
3a	– – | – ⏑ ⏒	Sp + Cr
3b	– – | – ⏑ – ⏒	Sp + 2 Tr
3c	– – – ⏒	2 Sp
4a	– ⏑ | – ⏑ ⏒	Tr + Cr
4b	– ⏑ – ⏒	2 Tr
4c	– ⏑ – ⏑ | – ⏒	2 Tr + Sp

[3] In der griechischen Dichtung hat ein trochäisches Metron vier Silben: – ⏑ – ⏒; die zweite Silbe ist immer kurz, die vierte dagegen kann kurz oder lang sein, auch im Inneren des Verses. Im Prosarhythmus aber kennt man kein trochäisches Metron, sondern man geht vom Einzeltrochäus – ⏒ aus.

Eine lange Silbe kann „aufgelöst“, d. h. durch zwei Kürzen ersetzt werden. So finden sich

– ⏑ ⏑⏑ | – ⏓ und – ⏑ – | ⏑⏑ ⏓ für 1 a,
– ⏑ ⏑⏑ – ⏑ ⏓ für 1 c,
⏑⏑ – – ⏓ für 3 c

sowie etliche andere Varianten.

d) Als **Beispiel** für die Verwendung von Klauseln folgt IV 82: Africani – ⏑ – ⏓ (4 b); quam suscepi, relinquo – – – | – ⏑ – ⏓ (2 b); ne sit hoc tempore – ⏑ – – ⏑ ⏓ (1 c); -iuriae neglegantur – ⏑ – | – ⏑ – ⏓ (1 b); restituatur – ⏑⏑ – ⏓ (3 c); incidatur – – – ⏓ (3 c); -tum reponatur – ⏑ – | – ⏓ (1 a); -rum defensor – – – ⏓ (3 c); accusator – – – ⏓ (3 c); -stani postulant – – | – ⏑ ⏓ (3 a); -damque suscepit – ⏑ – | – ⏓ (1 a).

Die große Zahl von Klauseln in dem kurzen Abschnitt entspricht dem starken Pathos der Stelle. Die Auflösung der zweiten Länge im Doppelspondeus (restituatur – ⏑⏑ – ⏓) wird im allgemeinen gemieden, da sie der Klausel daktylischen Rhythmus gibt[4], aber an dieser Stelle ist sie wegen der Silbenfolge in restituatur nicht gut vermeidbar; zudem wird der spondeische Charakter der Klausel durch das folgende incidatur und zwei weitere Doppelspondeen betont.

e) Unser rhythmisches Empfinden, soweit es die Sprache betrifft, wird von dem akzentuierenden Prinzip beherrscht; das heißt: für uns besteht der Rhythmus der Sprache in einem geregelten Wechsel von betonten und unbetonten Silben. Der antike Klauselrhythmus aber, der auf dem quantitierenden Prinzip beruht, ist uns etwas völlig Fremdes und trifft daher bei uns auf wenig Verständnis.

6. Einige oft vorkommende Wörter

Dieser Abschnitt bringt in alphabetischer Reihenfolge eine Anzahl von Wörtern, die Cicero in den Reden gegen Verres oft verwendet. Es handelt sich besonders um Wörter mit einem nicht ganz engen Bedeutungsfeld.

āctiō *Handlung; Tätigkeit;* in der Gerichtssprache: *Verhandlung; Verfahren;* auch *Anklagerede.* Demgemäß ist **āctor** der *Sachwalter; Anwalt; Ankläger.*

agere (vgl. actio) in der Gerichtssprache: *verhandeln; behandeln* (eine Sache, einen Fall); *prozessieren; als Anwalt (als Ankläger) tätig sein; ein Verfahren durchführen* (II 90); *die Anklage vertreten* (II 2).

amplus; honestus; ōrnātus; splendidus (alle bedeuten *hochstehend; hochgeehrt; angesehen*) und **lēctus** *auserlesen; hervorragend* wer-

[4] Man vermeidet auch den Satzschluß (oder Teilschluß) esse videtur – ⏑ ⏑ | – ⏓ und sagt lieber videtur esse (IV 88).

den oft als Epitheta, und zwar meist im Superlativ, zu **vir, homo, adulescens** hinzugefügt, wenn ein Mann von Rang und Stand gemeint ist. Besonders Senatoren und Senatorensöhne, aber auch Ritter, gelegentlich sogar angesehene Männer der Provinzbevölkerung werden mit diesen Beiwörtern ausgezeichnet. Nicht selten stehen zwei Epitheta zugleich: **lectissimus ornatissimusque** (IV 79; vgl. auch D 29); **splendidus atque honestus** (II 69). Bei **ornatissimus** steht zuweilen ein Ablativ der Beziehung: **omnibus rebus:** *in jeder Beziehung;* **loco; nomine.** — Diese Epitheta werden formelhaft gebraucht und haben nicht mehr Wert als die früher im Deutschen übliche Formel „Hochwohlgeboren".

auctōritās 1. *Gewähr; Gültigkeit; mündliche* oder *schriftliche Erklärung.*
2. *Vollmacht* (AP 7).
3. *Ansehen; Autorität; Macht der Persönlichkeit.*

causa in der Gerichtssprache: 1. *Sache; Fall; Frage; Sachverhalt; Auftrag* (III 170).
2. *Prozeß*, oft gleichbedeutend mit **iudicium**; im Gegensatz zu **iudicium publicum** aber ist **causa** der *Zivilprozeß.* — **causae (ad causam) accēdere** oder **causam recipere**: *die Sache (den Fall) übernehmen;* **causam dīcere:** *seine Sache vertreten; sich verteidigen;* **causā indictā:** *ohne daß die Möglichkeit bestand, sich zu verteidigen;* **incōgnitā causā:** *ohne Untersuchung des Falles.*

cōgnōscere 1. *kennenlernen; erfahren.*
2. *untersuchen; prüfen.*
3. in der Gerichtssprache: *eine Untersuchung anstellen; ein Verfahren durchführen.*

conventus 1. *Zusammenkunft; Versammlung; große Gesellschaft* (IV 34); *Volksmasse* (AP 18; V 140).
2. *Gerichtstag* (IV 86).
3. *Bürgerverband* der römischen Bürger in einer Provinzstadt oder in einem Bezirk einer Provinz.

crīmen 1. *Beschuldigung; Vorwurf; Anklage;* im Plural auch *Anklagepunkte.*
2. *Schuld; Verbrechen.*

exīstimātiō 1. *Glaube; Meinung; Urteil.*
2. die Meinung, die andere Menschen von dem Betreffenden haben, daher *Ruf; Ehre.*

fidēs 1. das *Vertrauen*, das man genießt; daher *Glaubwürdigkeit; Gewissen; Gewissenhaftigkeit; Verantwortungsgefühl; Pflichtbewußtsein; Verpflichtung; das gegebene Wort; Vertrauensverhältnis; Obhut; Schutz* (III 12).
2. das *Vertrauen*, das man hat (I 38).
An manchen Stellen treffen mehrere Bedeutungen zu: in **fides** (D 5) steckt die Bedeutung *Gewissen* oder *Verantwortungs-*

gefühl ebenso wie die Bedeutung *das gegebene Wort;* in AP 19 kann man **fides** mit *Glaubwürdigkeit*, aber ebensogut mit *Pflichtbewußtsein* übersetzen (s. die Bemerkungen zu **religio**).

honestus; s. amplus.

iūdicāre 1. *Richter sein; zu Gericht sitzen.*
2. *richten; entscheiden.*

iūdĭcium 1. *Entscheidung; Urteil* (amtlich und privat). — **iudicium fit:** *man bildet sich ein Urteil; die Entscheidung fällt; das Urteil wird gesprochen; es wird Recht gesprochen.*
2. *Gericht; Verfahren; Prozeß;* **iudicium pūblicum:** *Strafprozeß;* **iudicia** auch *Gerichtswesen* (II 32). Mehrfach gebraucht Cicero **iudicium** in dem Sinne *wirkliches Gericht; ein Gericht, das diesen Namen verdient* (AP 3, 20, 44). — **in iudicium vocāre** (oder **addūcere**): *vor Gericht ziehen.*

lēctus; s. amplus.

litterae 1. *Urkunde(n); Kaufurkunde* (IV 35); *schriftliches Beweismaterial;* **litterae pūblicae:** *amtliche Urkunden.*
2. *Akten; Register.*

ōrnātus; s. amplus.

quaerere in der Gerichtssprache: *untersuchen; eine Untersuchung führen; ein Verfahren durchführen; den Vorsitz in einer Strafkammer führen* (AP 21; s. Einl. 3 und 4).

quaesītor „*Untersucher*"; *der Vorsitzende in einer Strafkammer* (s. quaerere).

quaestiō *Untersuchung; Prozeß; Strafkammer.*

quaestus, -ūs *Gewinn; Erwerb; Bereicherung.*

rătiō 1. *Berechnung; Rechnung; Rechenschaft.* **ratiōnēs:** (geschriebene) *Rechnungen* (III 171).
2. *Überlegung; Erwägung; Plan; Rücksicht auf* (c. gen.). — **petītiōnēs rationesque:** *wohlüberlegte* (*wohlberechnete*) *Angriffsarten;* **causa ratiōque:** *wohlerwogene Gründe.*
3. *Vernunft; Sinn; vernünftiger Grund.*
4. *Art; Weise; Möglichkeit* (V 89); *System* (III 12; V 87).
ratiōnem (-nēs) (re-)poscere c. gen.: *Rechenschaft fordern über;* **ratiōnēs reddere** c. gen.: *Rechenschaft geben über;* **ratiōnēs referre:** *Rechnung ablegen;* **ratiōnem dūcere:** *die Rechnung ziehen;* auch *seinen Vorteil bedenken;* **ratiōnem habēre** c. gen.: *Berechnungen anstellen über* (V 71); *Erwägungen anstellen* (V 101); *Rücksicht nehmen auf* (II 2, 97).
In dem dreimal wiederholten **ratio** (III 197) ist von mehreren Bedeutungen etwas zu spüren, aber keine reicht aus, den Gehalt des lateinischen Wortes zu erfassen. Die Bedeutung *System* (V 87) schließt die Bedeutungen *Berechnung, Überlegung, Art und Weise* selbstverständlich ein. Die Bedeutung *Möglichkeit* (V 89) ist verwandt mit den Bedeutungen 1. und 2.; denn die Möglichkeit ergibt sich für den, der die Chancen

berechnet oder *erwägt.* — Über das Verhältnis des lateinischen Gesamtbegriffs zu den deutschen Bedeutungsvarianten s. die Bemerkungen zu **religio.**

relĭgiō (eigentlich „*Bindung*") 1. *Verpflichtung; Gewissenspflicht; Gewissenhaftigkeit; Verantwortungsgefühl* (vgl. fides); **religio officiī:** *heilige Verpflichtung.*
2. *Ehrfurcht; Verehrung; Kult; religiöses Empfinden; religiöse Bedenken;* **religiōnēs:** *heiligste Gefühle* (IV 75, 78); **opīniō et religio:** *frommer Glaube* (V 185).
3. *Ehrwürdigkeit; Heiligkeit.*
4. *Gegenstand der Verehrung; Kultgegenstand.*
Der römische Leser oder Hörer hat natürlich das Wort **religio** als Gesamtbegriff unmittelbar aufgefaßt, ohne über die Bedeutungsschattierungen nachzudenken; für ihn war **religio** ein Begriff. Wenn wir bei der Übersetzung eine der angegebenen Bedeutungen herausgreifen, so ist das — streng genommen — eine Zerstörung des Begriffs, den der Römer mit dem Worte verband. Ob wir bei der Verbindung **templis et religionibus** (V 188) das zweite Substantiv als *Heiligtümer, Kultgegenstände* oder als *heiligste Gefühle* auffassen, ist unwichtig; keinesfalls aber dürfen wir übersehen, daß wir um der Übersetzung willen den Gesamtbegriff **religio,** den die deutsche Sprache nicht kennt, in Teile zerlegen und nur einen Teil berücksichtigen. Beispiele dieser Art zeigen, wie unvollkommen jede Übersetzung ist. „Genau genommen deckt sich nie ein Wort einer Sprache mit dem einer anderen . . . Zwei verschiedene Sprachen sind zwei verschiedene Weltansichten" (Ludwig Reiners).

religiōsus 1. *gewissenhaft; pflichtbewußt.*
2. *ehrwürdig; Ehrfurcht heischend; heilig.*

splendidus; s. amplus.

statuere 1. *hinstellen; aufstellen.*
2. *feststellen; zu dem Ergebnis (zu der Erkenntnis) kommen* (D 71; IV 42; V 95).
3. *beschließen; sich entschließen.*

tăbula 1. *Brett; Holztafel.*
2. *Gemälde,* oft mit hinzugefügtem **picta.**
3. meist im Plural: *Akten; Aufzeichnungen; Rechnungsbücher; Register; Protokolle.* **in tabulās referre:** *in die Akten (Rechnungsbücher) eintragen; zu Protokoll nehmen.*

DIVINATIO

1. eorum, qui adsunt. Gerichtsverhandlungen waren öffentlich. — **causis iudiciisque;** s. Sprache 6. — **versari:** *sich betätigen.* — **laedere:** *angreifen.* — **descendere ad:** *sich versteigen zu; sich entschließen zu.* — **causam rationemque;** s. Sprache 4c und 6 (ratio). — **ūnā** Adv. *zugleich;* hier nur Verstärkung des ersten **et.** — **actorem;** s. Sprache 6 (actio).

2. **quaestor;** s. Einl. 11. — **itaque.** et ita. — **(ex) provincia decedere:** der übliche Ausdruck für das Ausscheiden eines Beamten aus seinem Amt in einer Provinz. — **omnibus:** Übertreibung, denn amtlich hatte Cicero doch wohl nur mit der Bevölkerung Westsiziliens zu tun gehabt. — **arbitrarentur.** Nur der zweite Teil des davon abhängigen a. c. i. **(nonnullum . . . constitutum esse)** drückt eine Wirkung der Tätigkeit Ciceros aus, nicht aber der erste. Sinn: Sie hatten zwar die Auffassung, daß ihre Sicherheit auch durch ihre alten Patrone (s. Einl., Fußnote 17) gewährleistet sei, vor allem aber rechneten sie darauf, . . . — **fortunae:** *Hab und Gut.* — **constitutum esse:** *begründet sein; beruhen.* — **qui.** Etliche Handschriften haben statt dessen quare. — **cuncti:** nicht Einzelpersonen, sondern Gemeinden; s. Einl. 10 und Fußnote 16. — **ostendere:** *versichern.* — **commoda:** *Interessen.* — **eorum:** vom Standpunkt Ciceros. Vom Standpunkt der Sizilier aus gesehen müßte suis stehen.

3. iam ne . . . quidem: *nicht einmal mehr.* — **dēlūbrum** *Tempel; Heiligtum.* — **religiosissimis;** s. Sprache 6. — **luxŭriēs:** *hemmungslose Genußsucht.* — **aspernari:** *zurückweisen.* — **supplicem esse alicui:** *sich als Bittsteller an jemanden wenden.*

4. locus: *Lage.* — **tempus:** *Zeitverhältnisse; Lage.* — **tempore atque officio;** s. Sprache 4c. — **dicebam,** nämlich zu den Bittstellern. — **actorem;** vgl. 1. — **quo adiumento.** Gemeint ist der vermeintliche Vorzug, den Caecilius vor Cicero hat. — **hŏc remittere:** *in diesem Punkte nachgehen.* — **iste** oft mit verächtlichem oder spöttischem Sinn: *der Mensch da.*

5. fide; s. Sprache 6. — **institutum:** *Grundsätze.* — **laboris atque officii;** s. Sprache 4c. — **ex:** *mit Rücksicht auf.* — **tempore;** s. zu 4. — **haec** auf **accusatio** bezogen: *diese meine Tätigkeit.* —

accusatio mea: *eine von mir erhobene Anklage.* — **propĕmŏdum** Adv. *beinahe; einigermaßen.* — **videor (mihi):** *ich glaube.*

10. quoniam: *nachdem;* übliche Übergangsformel zu Beginn eines neuen Abschnitts. — **causam;** s. Sprache 6. — **contentio:** *Streit; Wettbewerb.* — **sequi:** *sich halten an; sich richten nach.* — **intellegere:** *der Auffassung sein.* — **de . . . repetundis;** s. Einl. 3 und Fußnote 4. — **nomen deferatur; delatio;** s. Einl. 13. — **certamen** wie vorher **contentio.** — **haec duo:** *folgende zwei Punkte.* — **actorem;** vgl. 1.

11. iudicium; s. Sprache 6. — **exinānīre** *leeren.* — **fidem;** s. Sprache 6. — **spectātus** *erprobt; bewährt.* — **cōgnitor:** *Vertreter; Anwalt.*

20. fortunas; s. zu 2. — **probare rem alicui:** *jemandem eine Sache glaubhaft machen; als berechtigt erscheinen lassen.* — **nunc** gegensätzlich: *nun aber.*

21. taceant potential. — **satis dicunt:** *sie sagen es deutlich genug.* — **verum** oft = sed. — **aliena,** da die Sizilier den Caecilius ablehnen. — **reliquae fortunae:** *der Rest ihres Besitzes.* — **se interponere:** *sich dazwischendrängen.* — **consultum esse** wirksamer als consuli. Das Gesetz will, daß für sie gesorgt ist. — **evertere:** *hinausdrängen.* — **adimis?** Wir sagen: *willst du nehmen?*

22. affuturum (ad iudicium). — **te ipsum ulciscantur.** Cicero bemüht sich, den Eindruck zu erwecken, daß Caecilius durch die Handlungen des Verres mit belastet sei; vgl. 28. — **laboro ut:** *mir ist darum zu tun, daß.* — **at enim solum id est:** *aber es steht ja nur das eine fest.* — **credo** ironisch. Wir sagen: *natürlich!* — **multa:** *viele Eigenschaften und Fähigkeiten.* — **quae cuiusmodi . . . sint:** *in welcher Art diese Eigenschaften . . . vorhanden sind.*

23. assentiare potential. — **defensor:** Hortensius; s. Einl. 12. — **suffrāgārī** c. dat. *stimmen für;* hier *eintreten für.* — **honestē:** *als Ehrenmann.* — **invidia:** *Gehässigkeit.* — **offensio:** *kränkende Absicht.* — **contendere:** *zu erreichen suchen.*

27. quoniam . . . nactus es boshaft; Caecilius hat ja noch keine Ahnung von den Anforderungen, die man an einen wirklichen Ankläger stellen muß! — **unum aliquod:** *auch nur eine einzige Eigenschaft.* — **iam** beim Futur: *jetzt gleich; sofort.* — **integritas:** *Unbescholtenheit.* — **innocentia:** *Korrektheit; Uneigennützigkeit.* — **rationem;** s. Sprache 6.

28. omnes (iudices). — **eidem:** Verri. — **inimicum.** Nach Ciceros Darstellung wollte Caecilius durch die Behauptung, er sei von

Verres beleidigt oder geschädigt worden, den Eindruck erwecken, daß es ihm mit der Anklage gegen Verres durchaus ernst sei. — **te actore . . . non affuturos;** vgl. 22. — **hos:** iudices. — **patere.** Wir sagen: *Du mußt schon dulden.* — **illi:** Siculi. — **ut:** *wie nun einmal.* — **acutus:** *scharfsinnig; kritisch veranlagt.* — **suspīciōsus** *mißtrauisch.* — **litteras;** s. Sprache 6. — **deportare** (Romam): zur Vorlage beim Gericht. — **cōnsīgnāre** *versiegeln.* Sinn: Dieses Material gibt ein klares Bild von der Amtsführung des Verres und auch des Caecilius; s. zu 22, te ipsum ulciscantur. — **asportare:** *beiseite schaffen.*

29. nec: *ja nicht; ja gar nicht.* — **īnfīrmāre** *entkräften.* — **decesseris;** s. zu 2. — **in gratiam redire:** *sich aussöhnen.* — **lectissimum;** s. Sprache 6 (amplus). Hier sind die Epitheta wohl ironisch gemeint. — **tuas iniurias:** *die Kränkungen, die du von Verres erlitten haben willst;* s. zu 28, inimicum. — **persequi:** (*gerichtlich*) *verfolgen.* — **hoc:** *nur das eine.*

37. mĕherculĕ: *bei Hercules!* verblaßt zu *wahrhaftig!* — **extra hanc contentionem.** Sinn: *Ich will von unserem scharfen Kampf absehen und . . .* — **se colligere:** *sich konzentrieren.* — **de . . . rebus.** Wir ergänzen das Verb *sprechen* und leiten mit *und dabei* zu **sustinere** über. — **sociorum.** Nur acht sizilische Gemeinden waren im rechtlichen Sinne socii Roms. Cicero dehnt die Bezeichnung socii unbedenklich auch auf die anderen Gemeinden Siziliens aus. — **fortunae:** *Wohlstand.* — **suscipere:** *die Aufgabe übernehmen, . . . zu vertreten.* — **consilium:** *Überlegung; Denktätigkeit.* — **ingenium:** *Fähigkeit; überlegenes Können.* — **sustinere,** insofern der Ankläger eine Last auf sich nimmt. Wir sagen: *meistern.*

38. lēgātiō *Legatenstelle.* — **locis temporibusque:** abl. limitationis. Die Gliederung „nach Gegenden und Zeitabschnitten", die Cicero gibt, ist recht willkürlich. Die Zeitabschnitte sind durch drei Ämter bezeichnet; dabei wird die Hauptsache, die Proprätur in Sizilien, nicht besonders erwähnt. Bei den Schauplätzen ist die Erwähnung Italiens wenig sinnvoll, da Italien — abgesehen von der Stadt Rom — im Verresprozeß überhaupt keine Rolle spielt. Dagegen fehlt Sizilien, das doch vor allem Erwähnung verdiente. — **crimina et oratio:** *Anklagepunkte in der Rede.* — **distinguere:** *gesondert darstellen.* — **facere** wie perficere: *erreichen.* — **libīdinōsē.** Wir sagen: *in seiner Willkür.* — **qui senserunt:** die Menschen, *die* unter den Taten des Verres *zu leiden hatten.*

39. magnus: *bedeutsam; wichtig.* — **contemnere:** *zu leicht nehmen.* — **graviter:** *mit Nachdruck.* — **copiose:** *mit reicher Fülle des Ausdrucks.* — **agenda;** s. Sprache 6. Das folgende **quid agere** bedeutet etwa *einen Gegenstand richtig behandeln*, also so, wie es der actor tun muß. — **prōficere** *Erfolg haben.* — **verum;** s. zu 21. — **libenter studioseque:** zwei Adverbien, genau wie nach dem vorigen **etiam.** — **disciplina:** *Wissensgebiet.* — **ars:** *Fertigkeit.* — **ēlabōrāre:** *sich ausbilden.* — **litterae:** *Literatursprache; Hochsprache.* — **Athenis.** Im Zeitalter des Hellenismus wurde die Tradition der klassischen attischen Sprache naturgemäß am besten an der Hochschule von Athen gewahrt. — **magnum:** *ein großes Wagnis.*—**causa:** *Prozeß* und zugleich *Materie des Prozesses.* — **exspectatus:** *mit Spannung erwartet.* — **consequi:** *geistig erfassen; sich zu eigen machen.* — **expromere** hier wie exponere. — **voce ac viribus** (Alliteration!): *mit den stärksten Registern der Stimme.* — **sustinere;** s. zu 37.

40. quid ergo?: *was willst du damit sagen?* — **mihi:** a me. — **cogitare** c. acc. *bedenken.*

41. qui verser (s. zu 1) mit konzessivem Sinn. — **in foro:** *im öffentlichen Leben;* besonders *vor Gericht.* — **eiusdem aetatis nemo:** *kein Gleichalteriger.* — **tempus . . . datur:** *die Zeit, die die Geschäfte* (besonders Rechtsgeschäfte) *meiner Freunde mir übriglassen.* — **usus forensis:** *Gerichtspraxis.* — **ita mihi deos velim propitios (esse), ut commoveor:** *ich möchte, daß mir die Götter so gnädig seien, wie ich . . . beunruhigt werde.* Wir vertauschen Haupt- und Nebensatz: *So wahr mir die Götter gnädig sein mögen, so gewiß werde ich . . . beunruhigt.* Da es sich aber um eine alltägliche, abgegriffene Redensart handelt, sagt man besser nur: *bei den Göttern!* oder noch schlichter: *wahrhaftig!* — **mihi venit in mentem** c. gen.: *mir kommt der Gedanke an etwas.* — **reum citare:** *den Angeklagten vorladen.*

42. prospicere: *sich ausmalen.* **mente et cogitatione** sind dementsprechend frei zu übersetzen. — **studia:** *Stimmung; Einstellung; Sympathien.* — **exspectatio:** *Spannung.* — **magnitudo;** s. zu 39, magnus. — **audientia** *Gehör; Aufmerksamkeit.* — **cogito;** s. zu 40. — **prō:** *in Anbetracht; bei.* — **offensio:** „*das Anstoßnehmen*“; *Entrüstung.* — **dignum.** Sinn: *was etwa entspräche.*

43. laborare c. acc.: *sich sorgen um etwas.*

44. ac si: *ja, und wenn.* — **responsurus esset.** Gemeint sind die Entgegnungen des Verteidigers. — **ipsam** einschränkend: *nur; allein.* — **causam;** s. Sprache 6. — **demonstrare:** *darlegen; darstellen.* — **nunc;** s. zu 20. — **dīsertus** *wohlgeordnet;* hier *gewandt.* Gemeint ist Hortensius. — **qui:** alter Instrumentalis; hier = quo. **pugnandum certandumque** viel stärker als **disserendum.** — **ita . . . ut** im Sinne von *zwar . . . aber.* — **probāre** *anerkennen.* — **opprimet.** Cicero vergleicht den Kampf vor Gericht mit einem sportlichen Kampf; den stärksten Ausdruck, **opprimere** *überwältigen*, bringt er an erster Stelle, **pervertere** *umwerfen* ist weniger stark, noch schwächer sind **labefactare** und **infirmare**, die durch **conabitur** noch weiter abgeschwächt werden. — **consilium:** *Klugheit; Schlauheit.* — **artificium:** *Kunstgriff; Trick.* — **petitio** in der Fechtersprache: *Angriff; Vorstoß;* s. Sprache 4c und 6 (ratio). — **in causis versari:** *vor Gericht auftreten* (als Verteidiger oder Ankläger). — **in iisdem,** indem beide für dieselbe Sache eintraten; Gegensatz: **in contrariis.** — **ita ... ut** wie vorher: *zwar ... aber.* — **quamvis sit ingeniosus** untergeordnet dem Konsekutivsatz. — **nonnullum** im Deutschen Adverb: *in etwa; in gewissem Sinne.* — **ingenium:** *seine Fähigkeiten* als Anwalt. — **iudicium;** s. Sprache 6. Sinn: Hortensius weiß, daß die Richter und Zuhörer sich ein Urteil über seine Fähigkeiten bilden werden und — das liegt zwischen den Zeilen — daß Cicero den Vergleich mit Hortensius nicht zu scheuen braucht.

45. ēlūdere c. acc.: *sein Spiel treiben mit.* — **quam** = quantopere. — **iactare** hier *aus dem Konzept bringen.* — **iam:** *jetzt schon.* — **videor;** s. zu 5. — **quid?** gebräuchliche Übergangsformel, dem Sinne nach etwa: *Was wirst du zu dem folgenden sagen?* Wir sagen dafür: *Und weiter!* Beachte die Anapher (s. Sprache 3b). — **membrum:** *Teil; Punkt.* Sinn der Stelle: Hortensius wird *die Anklagerede zerlegen,* er wird *ihre Teile an den Fingern aufzählen und festlegen* (**constituere**), er wird die — vermutlich schlecht disponierte — Rede des Caecilius nachträglich gliedern, dabei natürlich Punkt für Punkt widerlegen und den armen Caecilius ganz aus der Fassung bringen. Hortensius pflegte (nach Cicero, Brutus 302) zu Beginn seiner Rede eine Gliederung voranzustellen, er pflegte auch die vorher gehaltene Rede seines Gegners in kurzer Zusammenfassung zu wiederholen. Offenbar war er nicht nur ein Meister der kunstvollen Gliederung, sondern er verfügte auch über ein hervorragendes Gedächtnis. — **unumquidque:** *jeden einzelnen Punkt.* — **transigere, expedire, absolvere** (coeperit). Wir können sagen: *durchgehen, behandeln, erledigen;* s. Sprache 4a. — **innocenti.** Sinn: Hortensius wird dich so in die Enge treiben, daß du schließlich selbst an die Unschuld des Verres glaubst. — **facessere** (Intensivum von facere): *heraufbeschwören.*

46. commiserari, conquĕri. Es gehörte zur Verteidigertaktik, den Angeklagten als Opfer von Intrigen hinzustellen und an das Mitleid der Richter zu appellieren. — **illius:** gen. obiectivus. — **invidia:** *feindselige Stimmung;* vgl. 23. — **deonerare aliquid:** *einen Teil* (der Last) *beseitigen.* — **praetor:** der gebräuchliche Titel statt propraetor. — **necessitudo constituta:** *das traditionelle Treueverhältnis.* — **sortis.** Der Quästor erhielt seinen Wirkungskreis ebenso wie der Prätor (Proprätor) durch das Los. Der Ausfall des Auslosens galt als göttliche Fügung (daher **religionem**). — **poterisne . . . invidiam?** Sinn: *Wirst du es ertragen können*, wenn Hortensius dein Verhalten als Verstoß gegen Tradition, Pflicht und Ehre hinstellt und damit erreicht, *daß die Stimmung* der Richter und Zuhörer *sich gegen dich richtet?* — **mŏdŏ** beim Imperativ: *doch nur; doch mal.* — **gestus**, -ūs *Gebärde; Geste.* Im Altertum spielten die Gesten des Redners eine sehr große Rolle. Von Hortensius sagt Cicero (Brutus 303): „. . . motus et gestus etiam plus artis habebat, quam erat oratori satis." — **ipso**; s. zu 44, ipsam. — **praestringere** hier *blenden; stumpf machen.* — **institutum:** *Konzept.*

47. iudicium; s. Sprache 6. — **iam continuo:** *jetzt sofort.* — **liber:** *Manuskript.* — **magister ludi:** *Schulmeister.* — **verbo:** abl. limitationis. Cicero will sagen, daß Caecilius nicht imstande sei, auch nur ein Wort frei zu sprechen. — **illud iudicium:** der Prozeß gegen Verres. — **non deesse:** *gewachsen sein.* — **prōlūsiō**, -ōnis *Vorspiel.* Gemeint ist das *Vorverfahren*, die Divinatio. — **nihil esse:** *eine Null sein; versagen.*

52. librum; s. zu 47. — **monitor:** *Berater*, der dem Anwalt vor Gericht beistand; hier verächtlich etwa *Souffleur.* — **an** leitet das zweite Glied einer Doppelfrage ein, deren erstes Glied hier nicht ausgesprochen wird. Sinn: *Wirst du gar nichts sagen oder etwa das . . .?* Wir übersetzen **an** mit *doch wohl; doch vermutlich.* — **dictitāre** *immer wieder sagen;* s. zu 28, inimicum. — **cum** adversativ. — **unus eximius** ironisch: *der einzige Auserwählte.*

54. tandem in der Frage: (*denn*) *eigentlich.* — **gravius ferre:** *ernster nehmen.* Das folgende **gravius** müssen wir der Wirkung wegen mit demselben Wort übersetzen, etwa: *ein ernsterer Fall.* — **hoc:** *das letztere.* — **accusat:** *ist die eigentliche Anklägerin.* — **agit**; s. Sprache 6.

61. accipere: *die Tradition übernehmen.* — **causa necessitudinis:** *Grundlage des Treueverhältnisses;* s. zu 46, necessitudo constituta. — **sortis**; s. zu 46.

62. numero wie loco. — **pie:** *aus moralischen Erwägungen.*

71. statuere; s. Sprache 6. — **opinio:** *hohe Meinung.* Sinn: *Von früheren Leistungen des Caecilius vor Gericht ist nichts bekannt, und man kann auch für den Verres-Prozeß keine erwarten* (**exspectatio**). — **reliqui temporis spes:** *Hoffnung auf die Zukunft*, nämlich auf weitere, erfolgreiche Tätigkeit als Anwalt. — **laborat**; s. zu 22. — **in offensione:** *wenn er Anstoß erregt; wenn er sich blamiert.* — **ut** konzessiv. — **discedere:** *abtreten; abziehen.* —

ornamenta: *Glanz; Ruhm* (der in diesem Falle eben nicht vorhanden ist!). — **requirere:** *vermissen; einbüßen.*

72. nobis für me. — **obsides** im Deutschen abstrakt: *Sicherheiten; Garantien.* — **recuperare:** *immer von neuem gewinnen.* — **habet** bedeutet in Verbindung mit honorem: *hat zu bieten*, beim zweiten Male: *bietet*, beim dritten Male: *hat in seiner Hand.* — **honorem:** das Ädilenamt, um das sich Cicero im Jahre 70 bewarb; s. Einl. 13. — **spem:** die *Aussicht* auf höhere Ämter. — **propositam habemus** drückt den gegenwärtigen Zustand deutlicher aus als proposuimus. Wir sagen: *die mir vorschwebt.* — **existimationem;** s. Sprache 6. — **labore vigiliisque;** s. Sprache 4c. — **in hac causa:** im Prozeß gegen Verres. — **haec:** die genannten Ehren und Aussichten. — **tantulum** *ein so geringes;* hier *auch nur ein wenig.* — **offensum;** s. zu 71, in offensione. — **titŭbāre** *taumeln;* hier *sich schwach zeigen; versagen.*

73. magnitudinem; s. zu 39, magnus. — **sustinere;** s. zu 37. — **fide;** s. Sprache 6. — **auctoritate;** s. Sprache 6. — **dignitas:** *Ehre.* — **honestus:** *den Geboten der Ehre entsprechend.* — **vobis:** iudicibus. — **placuisse,** nämlich in diesem einen Falle. **placere,** nämlich überhaupt. — **vestro:** senatorio. Der Schlußsatz enthält eine deutliche Warnung: Eine Entscheidung zuungunsten Ciceros könnte wesentlich zu einer Reform der Strafkammern beitragen; s. Einl. 16.

ACTIO PRIMA

1. invidia c. gen.: *feindselige Stimmung gegen.* — **vestri:** senatorii. — **īnfāmia:** *der üble Ruf.* — **pertinere ad:** *geeignet sein zu.* — **dīvīnitus** Adv. *durch göttliche Fügung.* — **summo tempore:** *zu einem äußerst kritischen Zeitpunkt.* — **percrēbrēscere,** -crēbruī *häufig werden; sich verbreiten.* — **quae nunc sunt:** *in ihrer jetzigen Form.*

2. discrimen: *Krise.* — **ordinis** (vestri). — **cōntiō:** *Rede* in der Volksversammlung. — **lēx:** *Gesetzesantrag.* Gemeint ist besonders die lex Aurelia; s. Einl. 16. — **in iudicium;** s. Sprache 6. — **vita atque factis** kausal. — **sua spe et praedicatione:** *wie er selbst hofft und überall erzählt.* — **causae;** s. Sprache 6. — **voluntate.** Das Einverständnis weiter Kreise darf Cicero ohne weiteres voraussetzen, da der Prozeß ja die Korruption innerhalb der Nobilitas aufdecken soll. — **exspectatio:** *gespannte Erwartung; Spannung.* — **actor;** s. Sprache 6 (actio). — **succurrere:** *abhelfen.* — **adduxi** (in iudicium). — **in quo:** *bei dem.* — **existimationem;** s. Sprache 6. — **redire in gratiam:** *wieder ein gutes Verhältnis gewinnen.* — **dēpecūlātor** *Plünderer.* — **praedo iuris:** ein ungewöhnliches Bild: Verres, der pflichtgemäß das Recht wahren sollte, hat das Recht „*geraubt*". — **lābēs,** -is *Fall;* hier *Schandfleck.*

3. religiose; s. Sprache 6. — **haerere:** *von Dauer sein.* — **iste** oft mit verächtlichem Sinn: *dieser Mensch da.* Gemeint ist mit **iste** fast immer Verres. — **religionem;** s. Sprache 6. — **iudicium** hier ein *wirkliches Gericht;* s. Sprache 6. — **insidiae:** *Anschläge.* Gemeint sind hier die Versuche des Verres und seiner Freunde, Cicero beim Sammeln des Materials Schwierigkeiten zu machen. Ob es sich dabei um wirkliche Gefahren für Cicero handelte, steht nicht fest; s. Einl. 13. — **devitarim:** Angleichung des Modus. — **mihi videor:** *ich glaube.*

4. neque: *aber . . . nicht.* — **perturbor.** Damit trägt der Redner in vorgetäuschter Bescheidenheit „Lampenfieber" zur Schau. — **insidiae,** insofern Verres, wenn er seine Absichten erreicht, die Richter und den ganzen Senat als eine bestechliche Clique lächerlich machen und die Provinzen um ihr Recht betrügen wird. — **sociis;** s. zu D 37. — **ordo:** der *Senatorenstand.* — **nomen sena-**

torium: *alles, was Senator heißt,* d. s. *die Senatoren.* — **surripere** *heimlich entwenden; stehlen.* — **ēripere** *rauben.* — **multis,** nämlich auch für seine Freunde, Anwälte und Richter!

5. **obscurus:** *undurchsichtig; geschickt im Verschleiern.* — **in agendo:** *bei den Vorbereitungen* für den Prozeß. — **verum** oft = sed. — **adhuc.** Sinn: *wie sich bis jetzt gezeigt hat.* — **cadit:** *es trifft sich.* — **corripere, corrumpere** Wortspiel; im Deutschen allenfalls: *in seine Tasche arbeiten* und *bearbeiten.* — **reum facere:** *anklagen.* Nach den normalen Gesetzen der Tempusfolge wäre factus esset zu erwarten. — **recens:** *soeben angekommen.* — **invidiā et infamiā flagrat.** Sinn: *Er bekommt glühenden Haß zu spüren und merkt, daß sein Ruf sehr schlecht ist.* Das Bild ist unübersetzbar. — **recenti, vetere, diuturna** geben wir durch Adverbien wieder. — **offendere:** *antreffen; vorfinden.*

6. **dies:** *Frist.* — **inquirere:** *Material sammeln.* — **invenit** (quendam). — **in Achaiam:** *für Achaia,* also um in Achaia Material zu sammeln; s. Einl. 13. — **non:** *aber nicht etwa.* — **labore et vigiliis;** s. Sprache 4c. — **Achaicus inquisitor:** qui se in Achaia inquisiturum esse dixerat. — **obire:** *bereisen; durchreisen.* — **populus:** *Gemeinde.* — **litteras;** s. Sprache 6. — **reum suum:** *einen Mann, gegen den sich seine Anklage richten sollte.* — **adduceret** (in iudicium). — **meum tempus:** *die Zeit, die sonst mir zur Verfügung stehen würde.* — **obsidere:** *in Anspruch nehmen.*

7. **instructus:** *mit Material versehen.* — **fūrtum** *Diebstahl;* überhaupt Vergehen gegen fremdes Eigentum. — **dēfīgere** „*festnageln*". — **socios;** s. zu D 37. — **graves,** da sie belastende Aussagen zu machen hatten. — **lēgātiō:** *Abordnung.* Der Ausdruck „Gesandtschaft" ist nicht angebracht, denn eine Gesandtschaft setzt souveräne Staaten voraus. Die **amicissimae civitates** aber waren Untertanen Roms; selbständig waren nur die socii, wenigstens theoretisch. — **auctoritatibus;** s. Sprache 6.

8. **usque eo:** *bis zu dem Grade; derart.* — **male existimare:** *eine schlechte Meinung haben.* — **prōflīgātus** *niedergeworfen;* hier *korrupt.* — **experiatur,** und zwar immer wieder. — **criminum;** s. Sprache 6. — **subterfugere** c. acc. *entschlüpfen; sich entziehen.* — **prŏcella** *Sturmwind.*

9. **causa:** *seine Sache.* — **verum;** s. zu 5. — **praesidium:** *Rechtsbeistand.* — **haec omnia:** *alle diese Mittel.* — **aucupārī** *Jagd machen auf; haschen nach.* — **reus fieret;** s. zu 5, reum facere. — **hic:** Verres. — **causam diceret;** s. Sprache 6.

10. **hoc praetore.** Gemeint ist Glabrio als Vorsitzender. — **consilium:** *Richterkollegium.* — **in reiectione:** *bei der Verwerfung* der

Richter (s. Einl. 4). Verres hat natürlich solche Richter abgelehnt, die als besonders unbestechlich galten, und das Volk hat daraus seine Schlüsse gezogen **(iudicavit)**. — **rationem;** s. Sprache 6. — **quod, quae** im Deutschen: *wo?* — **dicendi copia:** *Fülle des Ausdrucks; Wortreichtum.* — **convictus:** *belastet.* — **iudicio** hier kein gerichtliches Urteil!

11. quaestura (Verris). — **gradus honoris:** im Falle Verres geradezu ein Hohn. — **nudare:** *aller Hilfsmittel berauben.* — **consul:** gebräuchlicher Titel für proconsul. — **sortis:** *durch das Los bedingt.* Der Quästor erhielt seinen Wirkungskreis ebenso wie der Prokonsul durch das Los. — **necessitudo:** *Verbundenheit; Treueverhältnis.* — **religionem;** s. Sprache 6. — **legatio** hier *Legatenstelle; Legatenamt.* — **dēpecūlārī** *ausplündern.* — **īnstaurāre** *wiederholen.* — **quaestorius:** *aus seiner Quästur.* Gemeint ist Verrat an einem Vorgesetzten. — **in invidiam adducere:** *verhaßt machen.* Die Verbrechen des Verres mußten auch seinen Vorgesetzten belasten. — **oppugnare:** *auftreten gegen;* s. EN Dolabella.

12. dēpopulātiō *Verwüstung.* Sinn: *Verres hat die Gelder, die für die Erhaltung der Tempel und für öffentliche Bauten bestimmt waren, unterschlagen.* — **bonorum:** Neutrum. — **instituta:** *Grundsätze.* — **addictiō** gerichtliche *Zuerkennung.* — **condōnātiō** *Verschenkung.* Sinn: *Verres hat als Prätor* in Zivilprozessen (s. Einl., Fußnote 11) *das Streitobjekt Menschen zugesprochen, die keinen Anspruch darauf hatten.* — **innocens:** *korrekt; uneigennützig.* — **praetores:** propraetores.

13. suas: die in jeder Gemeinde geltenden ... — **communia iura:** *die bei allen Völkern geltenden Rechtsgrundsätze*[1]. — **tantum:** *nur so viel.* — **subterfūgit;** s. zu 8. — **satietati superfuit:** *es blieb übrig, weil Verres sich bereits genug angeeignet hatte.* — **avītus** *vom Großvater ererbt,* hier mit dem Sinn, daß das Erbe rechtlich unanfechtbar ist. — **abiūdicāre** *aberkennen; absprechen.* — **arātor** *Bauer.* — **novo . . . instituto;** vgl. III 25. — **servilem in modum:** *wie Sklaven.* Römische Bürger kreuzigen oder überhaupt hinrichten zu lassen war verboten. — **rei facti;** s. zu 5. — **indicta causa;** s. Sprache 6 (causa). — **opportunus:** *brauchbar, kampfkräftig.*

14. regum. Gemeint sind besonders Agathokles und Hieron II.; s. EN. — **imperatorum.** Damit sind besonders Marcellus (s. EN

[1] Diese Rechtsgrundsätze faßte man unter dem Namen ius gentium zusammen. Dieser Begriff des ius gentium, der auch im Mittelalter und noch im 16. Jahrhundert herrschte, weicht von dem des modernen Völkerrechts wesentlich ab.

Marcellus 1) und Scipio (s. EN Scipio 1) gemeint. — **spoliavit nudavitque.** Statuen hatten oft goldenen und silbernen Zierat. Bauten können mit **monumenta** nicht gemeint sein **(dederunt aut reddiderunt!).** — **ornamenta:** *Prachtbauten.* — **dēlūbrum** *Tempel.* — **religionibus;** s. Sprache 6. — **depeculatus;** s. zu 11. — **affăbrē** Adv. *kunstvoll.* — **stŭprum** *Unzucht; unsittliche Handlung.* — **petulantia** *Ausgelassenheit; Zudringlichkeit.*

15. at enim: *aber . . . doch.* Damit wird ein Einwand eingeleitet, den Cicero den Verteidigern des Verres in den Mund legt. — **non cognita.** Damit will Cicero wohl die doppelte Moral der senatorischen Kreise anprangern: Verbrechen, die nicht in der Öffentlichkeit bekannt werden, sind verhältnismäßig harmlos! — **quă** (crimina). — **neque enim:** *ja . . . nicht.* — **recōgnōscere** *wieder durchgehen; untersuchen.* — **simulat.** Wir fügen *zwar* hinzu. — **proponere** wie vorher opponere. — **inānis** *leer*, also *ohne Wert.* — **tam** wie tantopere. — **adiuvant** (me). Sinn: *Die Tatsache, daß die Namen der hochgeborenen Freunde und Helfer des Verres allgemein bekannt sind* — es waren vor allem Hortensius, die drei Brüder Metellus, Curio und Scipio —, *kann mir nur nützen;* sie erspart mir die Mühe, die Korruption innerhalb der Nobilitas (s. Einl., Fußnote 20) nachzuweisen.

16. iam beim Futur: *jetzt gleich; sofort.* — **redemptiō** *Loskauf;* auch *Kauf; Bestechung.* — **mansit** (Verres). — **condicio atque pactum:** *Vertragsbedingungen.* Verres machte natürlich die Bestechungsversuche nicht persönlich. Dieses schmutzige Geschäft übertrug er, um sich nicht bloßzustellen, einem Mittelsmann (redemptor *Pächter; Unternehmer*), der dabei gut verdiente. — **usque ad eum finem:** tam diu. — **reiecti sunt, reiectio;** s. Einl. 4. — **istius** gehört zu **spem.** — **mea diligentia.** Danach hat also Cicero „Schiebungen" verhindert. — **istorum:** des Verres und seiner Freunde. — **renuntiare:** *kündigen.* Als die Zusammensetzung des Richterkollegiums feststand, sah Verres offenbar ein, daß die Mehrheit dieses Kollegiums nicht käuflich war. Deshalb kündigte er seinem Mittelsmann den Auftrag.

17. libellus: *Verzeichnis; Liste.* — **nŏta,** -ae *Zeichen; Merkmal;* auch *Brandmal; Schandfleck.* — **cŏlor** *Farbe;* auch *Beschönigung.* — **sordēs,** -is *Schmutz;* auch *schmutzige Gesinnung; Habsucht.* — **allĭnere** *daranschmieren.* Sinn: *Diesen Stimmen* (also diesen Richtern) *konnte man offenbar keinen Schandfleck, keine Beschönigung, keine schmutzige Gesinnung anhängen.* Nun könnte man aber **sententiae** als *Stimmtäfelchen* verstehen, und dann wäre der Sinn: *An diese Stimmtäfelchen konnte man offenbar kein Zeichen, keine Farbe, keinen Fleck schmieren.* In einem früheren Prozeß hatte man — angeblich auf Veranlassung des Hortensius — den bestochenen Richtern vor der Abstimmung Täfelchen in die Hand gespielt, die sich durch unauffällige Zeichen und durch leichte Färbung der Wachsschicht, vielleicht auch durch kleine wie Materialfehler wirkende Flecken von den anderen Täfelchen unterschieden. Auf diese Weise konnten die Eingeweihten nachprüfen, ob die bestochenen Richter verabredungsgemäß gestimmt hatten (s. Einl. 8). — Man darf annehmen, daß Cicero diesen Doppelsinn beabsichtigt hat, der auf jeden Fall bedeutet, daß bei diesem Richterkollegium keine Bestechung und keine Schiebereien möglich seien (vgl. auch 40). — **erat** drückt den Zustand aus. Das Imperfekt ist bei cum inversum ungewöhnlich. — **humilis:** *kleinlaut.* — **demissus:** *niedergeschlagen.* — **his diebus paucis:** *vor wenigen Tagen.* — **comitia consularia:** *Wahlen der Konsuln* (im Juli 70) für das Jahr 69. — **repetere:** *wiederaufgreifen.* — **aperto . . . introitu.** Sinn: *nachdem erst einmal der Verdacht aufgekommen war.* Beachte das Bild: Der Weg führt durch den offenen Eingang.

18. **campo** (Martio). Dort fand in den comitia centuriata die Wahl der Konsuln und Prätoren statt. — **obviam fieri:** *begegnen.* — **etenim** leitet die Begründung für **honoris causa** ein. Cicero betont zwar, daß er Curio nicht anprangern wolle, er berichtet aber eine Äußerung, durch die Curio sich selbst bloßgestellt hat. — **ea:** *nur das.* — **conventu;** s. Sprache 6. Beachte den Wechsel des Ausdrucks: vorher **frequentia** und **multitudo.** — **pedetemptim** Adv. *Fuß für Fuß;* also *mit Bedacht.* — **ratio;** s. Sprache 6.

19. **fornix,** -ĭcis m. *Wölbung; Bogen.* — **cum hoc;** cum Verre. — **amplexārī** *stürmisch umarmen.* — **honestissimi;** s. Sprache 6 (amplus). — **immo vero:** *ja vielmehr.* — **istius;** s. zu 3. — **causam; fide;** s. Sprache 6. — **criminum ratio:** *der wohlüberlegte Aufbau der Anklage;* s. Sprache 6 (crimen; ratio).

20. **ratiōcinārī** *rechnen; folgern.* — **iudicia;** s. Sprache 6. — **absolvitur?** In Fragen, die Verwunderung oder Entrüstung ausdrücken, fehlt oft die Fragepartikel. — **quid igitur ?:** *Was soll man dazu sagen? Was nun?* — **litterae;** s. Sprache 6. — **nihil . . . designato!** ironisch. — **sequi:** *sich halten an, berücksichtigen.* — **moderatio** hier *Leitung.* — **in unius . . . moderatione** etwa *durch die mächtige Hand eines einzigen.* — **nos:** senatores. — **de transferendis iudiciis recusare.** Sinn: In diesem Falle wird sich die Annahme der lex Aurelia nicht mehr verhindern lassen (s. Einl. 16).

21. **molestus:** *niederdrückend.* — **amplissimi;** s. Sprache 6. Gemeint ist Curio. — **sortirentur;** s. Einl., Fußnote 11. — **obtingere:** *zuteil werden;* durch das Los *zufallen.* — **quaereret;** s. Sprache 6. — **pueri:** *Laufburschen; junge Sklaven.*

22. ne . . . quidem: *auch . . . nicht.* — **neque** (vor tantopere): *aber . . . nicht.* — **sors:** das Losen der designierten Prätoren. — **comperi** effektiv; dagegen **reperiebam:** *ich konnte* (*allmählich*) *herausbringen.* — **fiscus** *Korb* zum Transport von Geld. — **Siciliensis:** *in Sizilien zusammengeraubt.* — **a quodam senatore:** Verre. — **quasi** bei Zahlen: *etwa.* — **nomen:** *Titel* eines Postens im Rechnungsbuch. **nomine:** *unter dem Titel.* — **dīvīsor** *Verteiler,* der von Amts wegen die Verteilung von Getreide- und Geldspenden an die armen Bürger zu besorgen hatte. Die Politiker nahmen oft die Dienste der Divisoren für die Verteilung von Bestechungsgeldern (besonders vor Wahlen) in Anspruch. Die Divisoren ließen sich für diese rein private und — wenigstens offiziell — ungesetzliche Tätigkeit gut bezahlen. Daß sie sich außerdem bei der Geldverteilung gelegentlich zu ihrem eigenen Vorteil „verrechneten", darf man wohl annehmen. — Der Beauftragte des Verres für das Bestechungsgeschäft war der erwähnte Ritter. Im vorliegenden Falle behielt Verres einen Teil des Geldes zurück, um damit die Propaganda gegen Ciceros Wahl zum Ädilen in die Wege zu leiten.

23. proximus: *der letzte.* — **aedilitate deicere:** *die Bewerbung um das Ädilenamt vereiteln.* — **hic** wie tum. — **optima disciplina** ironisch: *beste Schule.* — **dēpōnere** *in Verwahrung geben; zur Verfügung stellen.* Zu der Summe s. Anhang 3. — **tamen,** obwohl sie vorher nicht darauf eingehen wollten. — **unā facere:** *mitmachen.* — **praemonebat.** Subjekt: der Divisor (**quidam**).

24. comitia, in denen die Ädilen gewählt wurden; s. Einl. 13, Ende. — **oppugnare:** *agitieren gegen.* — **petitio:** *Bewerbung.* — **ratio non est:** *es ist* (*wäre*) *unvernünftig.* — **distringere** *auseinanderziehen;* hier *sehr in Anspruch nehmen.*

25. primum; vgl. 27, arcessit alter consul. — **liberos.** Sinn: Die Sizilier zeigten, daß sie „Rückgrat" hatten. — **dominum esse,** nämlich durch Wählerbestechung; vgl. auch 29. — **cursāre** *umherlaufen.* — **blandus et gratiosus:** *von gewinnendem, freundlichem Wesen.* — **circum** c. acc.: *in . . . herum; bei . . . herum.* — **fecit** wie perfecit. — **ut . . . ne** Verstärkung von ne. — **fide;** s. Sprache 6. — **potuissent** innerlich abhängig (vom Standpunkt des **populus Romanus**) oder als Modusangleichung zu erklären. — **deicerer;** s. zu 23.

26. ducere: *hinziehen; hinausschieben.* — **apud M. Metellum,** also erst im folgenden Jahre; vgl. 21. — **praerogātīva** *Vorentscheidung.* In den comitia centuriata pflegte eine durch das Los bestimmte Zenturie, die man praerogativa nannte, zuerst abzustimmen und damit die Abstimmung der anderen Zenturien in etwa zu beeinflussen. Cicero will sagen, daß Verres durch Bestechung von Prärogativen schon wiederholt — das drückt der Plural aus — Wahlen „gelenkt“ habe. — **reddidisse** (gratiam).

27. **an . . . existimavistis?** (s. zu D 52). Sinn: Müssen diese Zustände nicht endlich einmal öffentlich geschildert werden? *Oder habt ihr etwa . . .?* Wir übersetzen **an** mit *etwa?* — **existimationis;** s. Sprache 6. — **cuiquam** wie ulli. — **alter . . . designatus:** Q. Metellus. — **praetor:** propraetor. — **esse** ungenau statt futurum esse. — **quaesiturum;** s. Sprache 6.

28. **Metelle.** Gemeint ist der designierte Konsul Q. Metellus, der als advocatus des Verres anwesend war. — **consularis metus:** *Furcht vor dem* (designierten) *Konsul.* — **alienissimum** soll wohl ausdrücken, daß Cicero an eine Verwandtschaft des Verres mit den Metellern nicht glaubt; s. Einl., Fußnote 15. — **committere:** *verschulden; es dahin kommen lassen.* — **dictitare** etwa *ausposaunen.*

29. **aiebant:** *man erzählte.* — **fato** (*durch Fügung des Schicksals*): vielleicht Anspielung auf einen Spottvers, den der Dichter Naevius (um 240) auf die Meteller gedichtet haben soll: Fato Metelli Romai fiunt consules (in dem fato natürlich auch Dativ *zum Verhängnis* sein kann). Ob dieser Vers wirklich aus alter Zeit stammt, ist zweifelhaft. Vielleicht hat ihn erst zu Ciceros Zeit ein politischer Gegner der Meteller ersonnen und für einen Vers des Naevius ausgegeben. — **quaesitor; quaerendo;** s. Sprache 6. — **spectatus** *erprobt; bewährt.* — **expĕdit** *es ist nützlich.* **expediat** potential. — **in medium proferre:** *aufdecken.* — **Kalendis.** Caesonius mußte am 1. Januar sein Amt als Ädil antreten. Magistrate konnten aber nicht einer Strafkammer als Richter angehören. Zur Sache s. Einl. 14.

30. **tribuni plebis** traten ihr Amt am 10. Dezember an. — **tristis:** *finster; streng.* — **oportet** oft mit bloßem Konjunktiv. — **Nonis Decembribus:** am 5. Dezember traten die Quästoren ihr Amt an. Schon die alten Kommentatoren haben daher vermutet, daß mit **magistratum** die Quästur gemeint sei. Nun hatte Sulpicius aber nach Cicero den Ruf eines strengen Richters. Also war er bereits eine gewisse Zeit als Richter tätig gewesen, und jeder Richter mußte Senator sein. Nach den gesetzlichen Bestimmungen, die seit Sullas Reform galten, war damals die Bekleidung der Quästur Vorbedingung für den Eintritt in den Senat. Die Bedeutung von magistratum bleibt zweifelhaft. — **acerrima familia et disciplina:** *eine Familie, in der sehr strenge Grundsätze herrschen.* Natürlich war Creperejus Senator, wenn er auch aus ritterlicher Familie stammte. — **vetus** hier *aus alter Schule.* — **tribuni militares** wurden zu Ciceros Zeit meist von den Heer-

führern ernannt, und zwar waren sie durchweg junge Söhne von Senatoren und Rittern. Etliche Militärtribunen wurden aber nach altem Brauch vom Volke gewählt. Die gewählten Militärtribunen, unter ihnen auch Männer senatorischen Standes, waren Beamte auf ein Jahr. Sie hatten höheren Rang als die anderen Militärtribunen und wurden wohl für besondere Aufträge verwendet. — **iudicabunt**; s. Sprache 6. — **subsortīrī** *zum Ersatz auslosen.* — **huic quaestioni.** Wenn M. Metellus am 1. Januar den Vorsitz in der Repetundenkammer übernahm, schied er als Richter aus. — **secundum** c. acc. *sofort nach.* — **prope toto:** Übertreibung. Immerhin mußte aber die Mehrheit der Richter im Dezember und zu Beginn des neuen Jahres ausscheiden. — **exspectatio:** die *Spannung*, mit der man dem Ausgang des Prozesses entgegensah. — **eludere:** *vereiteln; durchkreuzen.*

31. Nonae Sextiles: der 5. August. **Sextīlis:** der alte Name des Monats August. — **hora octava:** etwa 14 Uhr. — **iam ne . . . quidem:** *schon gar nicht mehr.* — **numerant,** nämlich Verres und seine Freunde. — **ludi vōtīvī:** Spiele, die Pompejus für seinen Sieg über Sertorius gelobt hatte (15.—29. August). — **responsuros esse.** Gemeint ist die Erwiderung des Verteidigers auf die Anklage; s. Einl. 14. — **ducturos** (causam); s. zu 26. — **ludi plēbēiī** waren in der Zeit der Republik wohl nicht an ein ganz festes Datum gebunden. In der Zeit des Augustus lag der Termin fest (4. bis 17. November). — **coniunctum esse cum:** *sich unmittelbar anschließen an.* — **secundum**; s. zu 30. — **refrīgerāre** *abkühlen.* Das Bild des Ermattens und Erkaltens läßt sich im Deutschen kaum verwenden. Sinn: Bis dahin wird der Verresprozeß seinen sensationellen Charakter verlieren und nicht mehr im Mittelpunkt des Interesses stehen. — **integram.** Sinn: Von Ciceros Anklage wird dann keine Wirkung mehr zu spüren sein. — **retinuissem,** nämlich damals, als Cicero ihn hätte als Richter ablehnen können. Seitdem hat Cicero aber seine Meinung geändert!

32. transigere: *zu Ende führen.* — **iūrātus** *vereidigt.* Die Richter mußten einen Eid ablegen. Der Prätor als Vorsitzender hatte zwar seinen Amtseid geleistet, aber nicht den besonderen Richtereid. Insofern war er **iniuratus.** — **suam** (tabellam). Der Richter gab nur seine eigene Stimme ab. Der Vorsitzende aber konnte, wenn er auch offiziell auf das Urteil keinen Einfluß hatte, mit den Stimmtäfelchen allerlei Manipulationen vornehmen, zumal ein Vorsitzender, der mit Hortensius befreundet war; s. zu 17. — Ciceros Zeitangaben sind lückenhaft. Nach dem Abschluß der **ludi plebeii** standen bis zum Ende des Jahres immerhin noch fast sieben Wochen zur Verfügung. Die Freunde des Verres hätten doch wohl einige Anstrengungen machen müssen, um den Prozeß **dicendo et excusando** (31) ins folgende Jahr zu verschieben. —

nunc . . . iam: *jetzt also.* — **ex** statt des bloßen Ablativs, weil **perficiam** einen ähnlichen Sinn hat wie **capiam fructum.** — **compositus** *geordnet;* hier fast = paratus.

33. istum hier ohne verächtlichen Beigeschmack. — **perpetua,** d. h. eine *zusammenhängende*, gut disponierte und mit allen Mitteln der Rhetorik ausgestaltete Rede. — **percipere:** *gewinnen; ernten.* — **in alia tempora:** für die zweite Verhandlung; s. Einl. 5. — **tabulis , . . . litteris auctoritatibusque;** s. Sprache 6. Beachte die Fülle des Ausdrucks! — **dicendo:** *durch Redekunst.* — **dīluere** *zerwaschen;* hier *entkräften.* — **tam;** s. zu 15. — **tempus** oft *Lage; Verhältnisse.* — **malitiōsē** *boshaft;* hier etwa *mit unfairen Mitteln.* — **istius modi** statt des üblichen eiusmodi, weil der Plan eben zu Verres paßt.

34. binos. Bei einem Plurale tantum stehen gewöhnlich Distributivzahlen (statt der Grundzahlen), und das Wort **ludi** *Spiele* ist als Plurale tantum anzusehen. — **comperendinem;** s. Einl. 5 und Fußnote 8. — **amplum et praeclarum:** *hohe Ehre.* — **periculum facere** c. gen.: *erproben.* — **qui fecissent** (periculum), nämlich zu der Zeit, als Cicero Quästor in Sizilien war. — **innocentiae;** s. zu 12, innocens. — **maius quiddam:** *ein höheres Ziel.* — **voluntas:** *Gesinnung.*

38. quinquaginta abgerundet. Die Zeit, in der nur Ritter als Richter in Betracht kamen, dauerte von 123 bis 81. — **equite Romano iudicante.** Manche Herausgeber sehen darin einen überflüssigen Zusatz, da bereits vorher genau dasselbe gesagt worden sei. Diese Begründung ist nicht überzeugend. Es ist ganz natürlich, daß Cicero um des Gegensatzes willen noch einmal betont: *und das, während der römische Ritter zu Gericht saß!* — **constituere** *feststellen; „konstatieren“.* Zu Ciceros Versuch, die Ritter als unbestechliche Richter hinzustellen, s. Einl. 7. Übrigens hat Cicero später wiederholt betont, daß es sein Verdienst sei, gute Beziehungen zwischen dem Ritterstand und der res publica geschaffen zu haben. — **sublataque . . . potestate.** Gemeint sind die Befugnisse, die das Volk den Senatoren gegenüber hatte, die es durch die Ritter in den Strafkammern ausüben ließ und die inzwischen (durch Sulla 81) aufgehoben worden waren. — **minoris . . .:** *für weniger als . . .;* s. Anhang 4. — **honeste:** *anständigerweise.* Calidius machte sich über die niedrige Bestechungssumme lustig, die zu seiner Verurteilung geführt hatte, und meinte ironisch, für einen Mann prätorischen Ranges müßte doch ein höherer „Tarif“ gelten; s. Einl. 8. — **līs, lītis** f. *Streit; Prozeß;* auch *Streitobjekt; Geldbuße.* Hier handelt es sich um eine zusätzliche Strafe. — **eo nomine:** *unter dem Titel; mit der Begründung;* s. zu 22, nomine.

39. peculātus, -ūs *Veruntreuung* öffentlicher Gelder. — **de maiestate:** kurze Formel für *wegen Verletzung der Hoheit* des römischen Staates. — **planum facere:** *darlegen; beweisen.* — **sortiri:** *die Auslosung* (der Richter) *vornehmen.* Wenn Cicero erwähnt, daß Verres die Auslosung vornahm, will er natürlich andeuten, daß dabei nicht alles mit rechten Dingen zuging. — **exire:** *aus der Auslosung hervorgehen.* Das folgende **in eum reum** deutet an, daß die Richter von vornherein dazu bestimmt waren, gegen den Angeklagten zu stimmen. — **incognita causa;** s. Sprache 6.

40. iam vero: *und . . . erst.* — **labem** (s. zu 2), **ignominiam calamitatemque** ausgeführt durch **hoc factum esse.** — **discŏlor,** -ōris *verschiedenfarbig.* — **iuratorum;** s. zu 32. — **nŏtāre** *kenntlich machen;* s. zu 17. — **tandem** in der Frage: *eigentlich.* — **planum facere;** s. zu 39. — **cuius:** gen. obiectivus. — **distributum habere** drückt den Zustand deutlicher aus als distribuisse. — **mecum bene agitur:** *es steht gut mit mir.* — **convertere:** *zuwenden; verwenden.*

41. reiciundis; s. Einl. 4. — **commoveri.** Dazu ist **eo** (aus dem vorhergehenden **quod**) zu ergänzen. — **tantum:** *nur so viel.* — **unumquemque,** nämlich jeder Statthalter. — **victoria:** *Sieg* vor Gericht, also *Freispruch.*

43. locus: *Punkt; Gegenstand.* — **consulere:** *seine Sorge zuwenden.* — **moneo praedicoque;** s. Sprache 4b. — **id quod intellego:** *nach meiner Auffassung.* — **divinitus;** s. zu 1. — **flagro infamia.** Wir können sagen: *eine brennende Schmach lastet auf mir;* vgl. 5, invidiaque et infamia . . . flagraret.

44. requīrere *zurückfordern; vermissen;* s. Einl. 9, Ende. — **verbo:** *dem Namen nach;* Gegensatz **re vera.** — **iudicia;** s. Sprache 6. — **non fugit me** *es entgeht mir nicht;* d. h. *ich beachte sehr wohl.* — **referre** (ad senatum) besagt, daß der die Senatssitzung leitende Beamte — gewöhnlich einer der beiden Konsuln — einen Gegenstand auf die Tagesordnung setzt, darüber selbst *einen Bericht gibt* und dann den Senat zur Diskussion auffordert (**sententiam rogat,** auch im Passiv mit dem Akkusativobjekt **sententiam).** — **initio uti:** *anfangen zu sprechen.* — **patres:** die alte Bezeichnung der Patrizier, die auf Grund ihrer Abstammung dem Senat angehörten. Senatoren plebejischer Herkunft, die in der Zeit der Ständekämpfe in immer größerer Zahl in die Senatsliste aufgenommen wurden, nannte man **cōnscrīpti.** So wurde der Ausdruck **patres conscripti** (beide Wörter stets unverbunden) zu einer formelhaften Bezeichnung der Mitglieder des Senats. Diese Bezeichnung war auch zu Ciceros Zeit noch gebräuchlich, besonders bei der Anrede, obwohl sie ihren alten Sinn längst verloren hatte.

45. cum primum hier nicht *sobald*! — **ad urbem.** Pompejus war im Jahre 71 nach der Niederwerfung des Sertorius aus Spanien zurückgekehrt und hatte seine Wahl zum Konsul für das folgende Jahr durchgesetzt. Da er damit rechnete, einen Triumph feiern zu dürfen, mußte er zunächst außerhalb der Stadt bleiben; denn ein Heerführer, der vor dem Triumph die Stadt Rom betrat, verlor automatisch sein Imperium und damit den Anspruch auf den Triumph. — **gratus:** *dankbar; freudig.* — **consulere;** s. zu 43.

46. spĕcula *Warte.* **in speculis:** *auf der Lauer.*

49. concipere *in sich aufnehmen; empfangen.* **conceptus** hier etwa *anhaftend.* — **ordini** (senatorio). — **post:** *seit.* — **hic:** bei diesem Gericht. — **offendere:** *Anstoß erregen.*

50. sperare. Wir sagen: *hoffen zu dürfen.* — **mihi videor;** s. zu 3. — **inventus est** (improbus). — **mehercule;** s. zu D 37.

51. quod gehört zu **dedecus.** — **inimicitiae meae:** *Anfeindungen, die mir drohen.* — **admittere:** *begehen.* — **dedecus:** *schandbare Handlung.* Gemeint sind üble Machenschaften, durch die Verres der Strafe entzogen werden sollte. — **id:** dedecus.

53. mihi certum est: *ich bin fest entschlossen.* — **consilium** (iudicum). — **mutetur;** vgl. 29 und 30. — **adduci** wie sonst duci. — **quos; eos:** die Abordnungen der sizilischen Gemeinden. — **servi:** die Sklaven, die die Sizilier zu den designierten Konsuln holen sollten. — **movere:** *einschüchtern.* — **novo;** d. h. wie es *noch nie dagewesen* ist. — **arcesserent.** Zur Sache vgl. 25 und 27. — **tum,** nämlich nach dem 1. Januar. — **eorum:** consulum. — **iuris.** Gemeint ist der *Verlust des Rechtes.*

54. perōrāre *beendigen; vollständig erörtern.* — **responderi;** s. zu 31, responsuros esse. — **oblivio diuturnitatis:** *Vergessenheit, die von der langen Zwischenzeit herrührt.* Zur Sache vgl. 31. — **censendi causa.** Die Hauptaufgabe der Zensoren bestand in alten Zeiten darin, die Bürger auf dem Marsfeld zu mustern, nach ihrem Besitz zu schätzen **(cēnsēre)** und sie, nach Zenturien und Tribus geordnet, in die verschiedenen Steuerklassen einzustufen. Die Schätzung verlor im 2. Jahrhundert ihren Sinn, da alle Steuern von den Provinzen aufgebracht wurden und römische Bürger keine Steuern mehr zu zahlen brauchten. Seit dieser Zeit bestand der „Zensus" darin, daß die Zensoren die Bürgerlisten sowie die Senats- und Ritterlisten überprüften oder neu aufstellten und daß sie die vielen Neubürger auf die Zenturien und Tribus verteilten. Nachdem im Jahre 89 alle Gemeinden Italiens, soweit sie nicht nördlich des Po lagen, das römische Bürgerrecht erhalten hatten, mußten viele Tausende von Neubürgern in die Listen der Zenturien und Tribus aufgenommen werden. Die Durchführung dieser ungeheuren Arbeit erforderte etwa zwanzig Jahre, zumal die Zahl der Neubürger unaufhörlich stieg und die Verwaltungsarbeit in den unruhigen Zeiten, in denen die Kämpfe zwischen Optimaten und Popularen tobten, viele Störungen erleiden mußte. Als im Jahre 70 nach längerer Pause wieder ein Zensus vorgenommen wurde, waren gewiß noch viele Fragen, die die Neubürger betrafen, zu klären. Zwar konnten damals, wie es scheint, die Neubürger sich bei ihren örtlichen Behörden eintragen lassen; wer aber die Hauptstadt besuchte, um an den Magistratswahlen oder an den öffentlichen Spielen teilzunehmen, benutzte vermutlich die Gelegenheit, sich auch in den Geschäftsräumen der Zensoren **censendi causa** zu melden. — **huius iudicii.** Wir sagen: *bei diesem Prozeß.* — **laudis fructus:** *Gewinn an Ehre.* — **offensionis** im Deutschen verbal: *Anstoß zu erregen,* falls nämlich kein gerechtes Urteil gefällt wird, — **quid agatur:** *der Gegenstand der Verhandlung.*

55. principes. Gemeint sind vermutlich zwei Brüder aus der Familie der Licinii Luculli, die bei einem Prozeß nur die Zeugen vorführten, selbst aber keine große Rede hielten. — **statim,** also nicht erst nach einer zusammenhängenden großen Rede. Die Art, wie Cicero aber mit Hilfe der Zeugen die ganze Anklage *entwickeln* **(explicare)** will, ist anders als bei den beiden erwähnten Männern. — **constituere:** *auftreten lassen; heranziehen.* — **id:** crimen. — **interrogando:** *durch Befragen* des Verres und seines Verteidigers. — **oratione:** Gemeint sind kurze Erläuterungen (im Gegensatz zu einer perpetua oratio; s. zu 33). — **accommodāre** *anpassen;* hier *an geeigneter Stelle heranziehen.* — **ut:** *und zwar in der Weise, daß.* **in singulas res:** *zu jedem einzelnen Punkt.* — **illis:** Verres und seinem Verteidiger. — **eadem,** nämlich wie bei der normalen Form der Anklage. — **altera actione;** s. Einl. 5 und 15. — **malĭtia:** *übles Spiel; Intrigen.*

56. cum . . . tum. Die gewöhnliche Ausdrucksweise wäre **cum . . . fecisse, tum . . . abstulisse.** Hier steht die erste Behauptung als Nebensatz im Konjunktiv; die zweite, die eigentliche Repetundenanklage, wird auf diese Weise schärfer hervorgehoben. Nach unseren Begriffen müßten die in dem Nebensatz angedeuteten Verbrechen (willkürliche Todesurteile und andere) weit schwerer ins Gewicht fallen, aber für diese Straftaten war die Repetundenkammer nicht zuständig; s. Einl. 3. — **quadringentiēs sēstertium:** 40 *Millionen Sesterze;* s. Anhang 4. Wenn Cicero in der Divinatio in einer fingierten an Verres gerichteten Forderung der Insel Sizilien eine Zahlung von 100 Millionen Sesterzen verlangt (abs te sestertium milies ex lege repeto; Div. 19), so deutet das darauf, daß die Bestimmung der lex Acilia, wonach der

Verurteilte das Doppelte der Schadenssumme zu zahlen hatte (s. Einl. 3), zur Zeit des Verres noch gültig war. Nun sind freilich 100 Millionen nicht das Doppelte von 40 Millionen. Zu berücksichtigen ist aber, daß Cicero, als er die Divinatio hielt, noch keinen Einblick in das Material hatte, sondern zunächst glauben mußte, was die Abordnungen der sizilischen Gemeinden ihm vortrugen. Die Summen, die er da zu hören bekam, waren ganz sicher „nach oben abgerundet" und konnten insgesamt leicht die glatte Summe von 50 Millionen ausmachen. Als Cicero später das Material gesammelt und durchgearbeitet hatte, kam er auf eine Schadenssumme von „nur" 40 Millionen. So lassen sich jedenfalls die scheinbaren Widersprüche einfach erklären. — **auctoritatibus;** s. Sprache 6. — **planum faciemus;** s. zu 39. — **statuatis;** s. Sprache 6. — **nostro commodo** (abl. modi): *nach meiner Bequemlichkeit;* hier *wie es meinen Wünschen entsprochen hätte.* — **vacuos;** vgl. 31. — **opus fuisse** irreal.

ACTIO SECUNDA

I.

DE PRAETURA URBANA

Die erste Rede bildet gewissermaßen die Einleitung der actio secunda. Sie hat den Zweck, nachzuweisen, daß Verres auch schon vor seiner Tätigkeit in Sizilien schwere Verbrechen begangen habe, daß er eben ein durch und durch schlechter und gewissenloser Mensch sei. Den Gegenstand der Repetundenanklage berührt sie nicht. Die Überschrift De praetura urbana, die die alten Grammatiker dieser Rede gegeben haben, ist nicht zutreffend. Von der städtischen Prätur des Verres handelt nur der letzte Teil, der nicht viel mehr als ein Drittel der Rede umfaßt.

Einleitung

1. responsurum. Gemeint ist die Erwiderung des Angeklagten oder seines Verteidigers auf die Anklage. — **ēmānāre** *herausfließen;* oft *sich verbreiten.* — **iste;** s. zu AP 3. — **verum** oft = sed.

2. proiectus ad: *geneigt zu.* — **praestō** Adv. *zugegen.* Beachte, daß dieser Rede wie auch den folgenden vier Reden die Vorstellung zugrunde liegt, es fände eine wirkliche Gerichtsverhandlung statt! — **aliquid reliqui facere:** *etwas übriglassen.* Sinn: *Er hat nicht einmal mehr einen so kleinen Rest von Ehrgefühl, daß . . .* — **pudens:** (*einigermaßen*) *anständig.* Die Wirkung geht natürlich verloren, wenn man **impudentiae** und **pudentem** im Deutschen nicht mit zwei Wörtern gleichen Stammes wiedergeben kann. — **patior:** *ich habe nichts dagegen,* daß er erschienen ist. — **mihi opus est** hier *es ist mir erwünscht.* — **tenuis plane:** *recht gering.*

3. si sit, si fueritis potential. — **in eo:** *bei dem Menschen.*

22. existimationem; s. Sprache 6. — **splendor:** *hohe Stellung.* — **necesse est** oft mit bloßem Konjunktiv. — **ordine** (senatorio). — **genus:** *Stand; Klasse.* Zum Inhalt s. Einl. 9. Ähnliche Warnungen spricht Cicero auch an anderen Stellen aus; vgl. AP 43 ff. —

iudicare; s. Sprache 6. — **interest** *es besteht ein Unterschied.* — **fidem, religionem**; s. Sprache 6. — **eo:** *deshalb.* — **cogitare (debetis).** — **venturi simus,** nämlich wir Senatoren. — **nostri:** gen. obiectivus. Zu der Frage s. Einl. 6, 7, 8 und 9.

23. verum; s. zu 1. — **quem sciant** konzessiv. — **hoc uno nomine:** *nur aus dem einen Grunde.* — **quae** (spes). Die fingierte Lage ist also folgende: Verres hatte bereits die Reise angetreten, um sich der zweiten Verhandlung zu entziehen, hat sich aber plötzlich eines anderen besonnen, ist zurückgekehrt und vor Gericht erschienen. Die Gründe, die Cicero diesem Entschluß unterschiebt, sind natürlich — wie die ganze Situation — erfunden: Verres soll die Überzeugung gewonnen haben, daß seine Aussichten günstiger seien als vorher, weil gewisse Politiker im geheimen darauf hinarbeiteten, eine Verurteilung des Verres zu verhindern, um dann in der Öffentlichkeit die Bestechlichkeit der senatorischen Strafkammern zu brandmarken. Daß gerissene Politiker — es können nur entschiedene Gegner der Optimaten sein — sich auch solcher Mittel im Kampf gegen die Machtstellung der Nobilitas bedienten, erscheint nicht unmöglich.

24. opprimi reum. Ciceros Zurückhaltung bei der actio prima machte eine wirksame Verteidigung unmöglich; s. Einl. 15. — **fortunae** hier *Lage; Schicksal.* — **quam** nach **aliter** selten. — **quem contra:** contra quem. — **morem gerere:** *den Willen tun.* — **perpetua**; s. zu AP 33. — **non quo:** *nicht als ob.* — **iam:** *noch.*

Verres als Quästor

33. habeat . . . liberum. Sinn: *Ich will sie unerwähnt lassen.* — **lucrārī** *gewinnen.* Sinn: *Er mag es als unverdienten Gewinn betrachten, wenn ich schweige von . . .* — **veteris** geht auf das Leben des Verres vor Antritt der Quästur. — **vita reliqua,** nämlich seit Antritt der Quästur. — **iactūra** *Verlust; Unterlassung.*

34. consul häufig statt proconsul. — **iudicium**; s. Sprache 6. — **fūrtum** *Diebstahl; Unterschlagung.* — **lēgātiō** *Legatenstelle.* — **praetura** häufig statt propraetura. — **eadem** im Deutschen Adverb: *ebenfalls.* — **quadripertītus** *vierteilig.* — **sortitus es.** Die neugewählten Quästoren erhielten vom Senat den Auftrag, um ihre Amtsbereiche zu losen. — **obtingere:** durch das Los *zufallen.* — **consularis** (provincia). — **eam provinciam:** Galliam Cisalpinam. — **dissensio:** milder Ausdruck für den Bürgerkrieg. — **sentire:** *eine* (politische) *Auffassung haben.* Cicero vermeidet es, zur Politik der Zeit Sullas Stellung zu nehmen. — **sors:** Stellung, die durch das Los zugewiesen worden ist. — **statuere**; s. Sprache 6. — **officium:** *Gefälligkeit.* — **teneam** (vos). **tenere** hier *aufhalten.* —

pecunia: Geld aus der Staatskasse, das für die Verwaltung der Provinz bestimmt war. — **attribuere:** *anweisen.* — **numerare:** *auszahlen.* — **consularem,** da der Befehlshaber Prokonsul war. — **simulac** durch **primum** noch verstärkt. — **avertere:** *beiseite schaffen; unterschlagen.*

35. video ironisch: *ich sehe schon!* — **aura** *Lufthauch; Hauch.* — **voluntas:** *Zuneigung; Sympathie.* — **odio sit,** weil Carbo zu den Führern der Popularen gehört hatte. — **consulis:** gen. obiectivus. — **quasi vero:** *das wäre ja gerade, als wenn.* — **partes** (Plural) oft *Partei.* — **studium partium:** *Eifer für eine Partei.* — **compīlāre** *ausplündern; berauben.* — **eiusmodi** ist Attribut wie **obscurum.** — **factum:** Subjekt. Der Satz ist ironisch gemeint. — **novi homines** hier *Neuerer; Umstürzler;* also die Gegner der Nobilitas und des Senatsregiments überhaupt (obwohl die führenden Popularen zum größten Teil selbst der Nobilitas entstammten!). — **ad suos** ironisch. Die Familie Verres gehörte keineswegs zu den altsenatorischen Geschlechtern; s. Einl., Fußnote 15.

36. rationes; s. Sprache 6. — **iam** beim Futur: *jetzt gleich; sofort.* — **brevitatem.** Bei der Abrechnung über so große Summen muß die Kürze von vornherein verdächtig erscheinen. — **inquit** nicht mündlich, sondern durch die Eintragung im Kassenbuch. — **vicies . . . nummos;** s. Anhang 6. — **dare** c. dat.: *ausgeben für.* — **stipendium** *Löhnung* der Soldaten. — **cohorti praetoriae;** s. zu II 17. — **sestertium . . . nummos;** s. Anhang 6. — **sestertium sescenta milia;** s. Anhang 3. — **hoc est?** s. zu AP 20, absolvitur. — **falsum:** *Fälschung.* — **describere:** *buchen; nachweisen.* — **quae ipsa:** *eben die, die.* — **reliquum fieri:** *den Rest bilden.* — **attingere:** *in die Hände bekommen.* — **oppressum** (a Sullanis).

38. partibus; s. zu 35. — **summa res:** *das Ganze.* — **causa:** die Sache Sullas. — **fidem;** s. Sprache 6.

42. ponderāre *wägen.*

43. furto; s. zu 34. — **attendere** *beachten; achten auf.*

Verres als Legat

1. Rechtswidrige Handlungen des Verres auf seiner Reise nach Kilikien

44. Dolabellae: Dativ. — **allēgātiō** *Sendung* eines Unterhändlers oder Fürsprechers. — **legationem;** s. zu 34. Das Wortspiel **allegationibus / legationem** läßt sich nicht übersetzen. — **expugnavit.** Der militärische Ausdruck wirkt grotesk: Verres hat also (durch die Fürsprache einflußreicher Freunde) den Legatenposten „*erobert*". — **pervadere** wörtlich zu nehmen, da Verres auf der Durchreise nach Kilikien war. — **nummos:** pecuniam. — **crimen;** s. Sprache 6. — **fecerunt alii:** *das haben auch andere getan.* — **animadvertere** oft *strafen; bestrafen;* entsprechend **animadversio** (45). — **non inauditum.** Sinn: Auch das ist schon vorgekommen. Dadurch, daß Cicero solche „Kavaliersdelikte", wie sie in senatorischen Kreisen allzuoft vorkamen, als Nebensächlichkeiten behandelt, steigert er die Spannung. Es müssen also weit schlimmere Verbrechen sein, die Cicero für verdammenswert hält.

45. ūmidus *feucht; naß.* — **iam** hier *ferner; und weiter.* — **sīgnum** oft *Bildwerk; Standbild.* — **tabulas pictas;** s. Sprache 6. — **locus:** *Abschnitt.* — **Dolabella** (s. EN) hatte offenbar von dem geraubten Gold einen Teil bekommen.

46. religiosissimo; s. Sprache 6. — **signa;** s. zu 45. — **non audebant** (timentes). — **pertineret.** Dolabella hatte zwar auf Delos keine Amtsgewalt, aber er war Statthalter einer Provinz und also ein mächtiger Mann (vgl. 73 ff.). Es war demnach gar nicht unmöglich, daß er bei dem Raub seine Hände im Spiel hatte.

49. adventūs: *Besuche.* — **prandium** *Frühstück.* Die wohlhabenden Einwohner der Provinzen mußten durchreisende römische Beamte angemessen bewirten. Wenn sie außerdem reichliche Gastgeschenke gaben, so taten sie das in vielen Fällen wohl, um Schlimmeres zu verhüten. — **cottidianus:** *alltäglich.* — **comĭtium:** der Platz am Forum Romanum, auf dem meist die Comitia tributa abgehalten wurden. Bei festlichen Veranstaltungen wurden das Comitium und die Zugangsstraßen mit Bildwerken geschmückt, die bisweilen von griechischen Gemeinden für diesen Zweck leihweise zur Verfügung gestellt wurden.

50. expugnatio; s. zu 44, expugnavit. Cicero will andeuten, daß Verres in dem Tempel wie ein Eroberer geplündert habe. — **clarus:** *bekannt.* — **praetor** oft für propraetor. Verres unterstand dem Statthalter der Provinz Asia nicht. — **tabulas** (pictas). — **cognoscere:** *zu sehen bekommen.* — **obsīgnāre** *versiegeln.* Der vom Prätor zugelassene Ankläger hatte das Recht, im Hause des Angeklagten alle Räume, die Beweisstücke enthielten, zu versiegeln.

61. tabulas; s. zu 50; ganz anders das folgende **in tabulis;** s. Sprache 6. — **vicisti:** *dann sollst du Sieger sein!*

62. credo ironisch. — **effrēnātus** *zügellos.* — **libidines:** *Leidenschaften.* — **ecquo ?** Die rhetorische Frage gibt die Antwort auf den ironischen Einwand. — **stŭprum** *unsittliche Handlung.* — **clarissima;** s. zu 50. — **relinquere:** *beiseite lassen; übergehen.* — **aliquando:** *endlich einmal; endlich.* — **pervenire ad:** *zu sprechen kommen auf.* — Der heutige Leser wird die Frage stellen, wieso derartige Handlungen, wie sie hier geschildert werden, überhaupt möglich waren. Warum — so fragt man — duldeten die Statthalter von Makedonien und Asia, daß ein durchreisender Legat in ihren Provinzen die Einwohner schikanierte sowie Geld und Kunstwerke raubte? Man kann nur annehmen, daß solche Vorkommnisse an der Tagesordnung waren und daß viele Statthalter und ihre Legaten, wenn sie selbst durch fremde Provinzen reisten, es ebenso trieben. Vielleicht kam im Jahre 80, als Verres nach Kilikien reiste, noch ein anderes Moment hinzu. Damals war Sulla noch Diktator. In einer Diktatur kann man schnell emporsteigen, aber auch schnell fallen. Welcher Statthalter konnte wissen, ob ein Verres oder ein anderer Senator, der gerade von Rom kam, nicht in kurzer Zeit einer der mächtigsten Männer Roms wurde? Vorsichtige Zurückhaltung war daher geboten. Vgl. dazu 63 ff. und s. zu 74, Fußnote 2.

2. Der Skandal von Lampsakos

63. in primis (oppidis). — **officiōsus** *ergeben; gefällig.* — **sēdātus:** *beherrscht im Auftreten.* — **otium:** unpolitische Tätigkeit, besonders wissenschaftliche und künstlerische. — **accommodatus:** *veranlagt.* — **efflāgitāre** *dringend verlangen.* Die Mission an die beiden Könige entsprang politischen Motiven. Weshalb Verres sich dazu drängte, den Auftrag zu erhalten, wird im folgenden gesagt. — **quaestum;** s. Sprache 6. — **tempus:** *Lage; Interessen.* — **accommodatum** hier in der Grundbedeutung. — **iste;** s. zu AP 3. — **hospes:** *Quartierwirt.* **hospitem** prädikativ. — **comites:** Amtsdiener, Schreiber und andere. — **collocare:** *einquartieren.* — **ille:** *der erwähnte.*

64. artificium: *Geschicklichkeit.* — **istam** statt des gebräuchlicheren hanc. Die Sache paßt ja so gut zu Verres. — **copiae** wie divitiae. — **facile** Adv.: was man leicht feststellen kann; also *sicher; unzweifelhaft.* — **integritas** hier *Tugend.* — **migrare:** *umziehen.* — **offendere in:** *Anstoß nehmen an.* — **viam munire:** *einen Weg bahnen.* Cicero verwendet bisweilen Ausdrücke aus dem militärischen Bereich; vgl. expugnavit 44, expugnatio 50. — **stuprum;** s. zu 62. — **dēlĭciae,** -ārum *Wonne; Freude;* übertragen: *lieber Freund.* — **lautus:** *vornehm; elegant.* — **dēversārī** *sich aufhalten; wohnen.*

65. munus illud, nämlich Leute niederen Standes bei sich einzuquartieren. — **meae partes sunt:** *es ist meine Aufgabe; ich bin an der Reihe.* — **tamen:** *doch nur.* — **assĕcŭla,** -ae m. = comes. — **humanitatem consuetudinemque;** s. Sprache 4c. — **cōpiōsus:** *begütert.* — **commodus** *bequem; genehm; lieb.* — **lectissimum;** s. Sprache 6 (amplus).

66. discumbere *sich niederlegen* (zu Tisch). — **Graeco more.** Beim griechischen Symposion herrschte ein bestimmter „Kneipkomment"; ein von der Tafelrunde gewählter Symposiarch setzte das Mischungsverhältnis von Wein und Wasser fest, er ordnete an, wann kleine und wann große Becher gebraucht werden sollten. So streng ging es bei dieser Gesellschaft sicher nicht zu; vielleicht meinte sie mit Graeco more nur, daß man viel trinken wolle. Die Griechen der damaligen Zeit galten als starke Trinker! — **hortatur** (ut biberent). — **poscunt** (ut biberetur). Nach anderer Erklärung bedeutet **poscere** auch *sich zum Trinken herausfordern*, also *sich zutrinken.* — **calēre** *heiß sein.* Sinn: als die Stimmung die richtige „Temperatur" hatte. — **homo:** Philodamus. — **gravitas:** *sittlicher Ernst.* — **id aetatis esse:** *so alt sein;* **id:** acc. Graecus. — **hic tum:** verstärktes tum. — **enimvērō** *ja . . . doch; aber . . . doch.*

67. aliquis (e servis). — **pro se quisque:** *jeder nach seinen Kräften.* — **exanimātus** *außer Atem.* — **simul ut** wie simulac. — **lictor istius;** s. Einl., Fußnote 15, Ende. — **in praesidio collocatus:** wieder ein militärischer Ausdruck; vgl. 64, viam munire. — **sauciāre** *verwunden;* besonders *schwer verletzen.* — **iste.** Von der Anwesenheit des Verres war bisher nicht die Rede.

68. mānĕ Adv. *in der Frühe.* — **ut in quoque . . . plurimum:** *je nach dem Grade der Autorität, die ein jeder hatte.* Es waren also besonders die angesehensten Bürger, die sprachen. — **animadvertere in:** *Strafe verhängen über;* vgl. 44. — **legati.** Verres reiste zwar in „diplomatischer Mission" zu Nikomedes und Sadala, aber für die Einwohner von Lampsakos war er kein „Gesandter", sondern ein durchreisender hoher Kolonialbeamter (Legat). — **satius:** *besser.*

69. in eam rationem: *in diesem Sinne.* — **pro:** *entsprechend.* — **deversabatur;** s. zu 64. — **ferro,** also mit Äxten. — **sarmentum** *Reisig.* — **negotiari:** *als Kaufmann leben.* — **gravius putare:** *höher werten.* — **nomen:** *Titel; Würde.* — **legationis;** s. zu 34 und zu 68, legati. — **peccatum.** Wenn auch der Widerstand gegen die rein privaten Handlungen des Verres als Notwehr anzusehen war, so würde doch jede römische Instanz [illegible], eine Schlägerei, bei der ein Liktor den Tod gefunden hatte und andere Römer verwundet worden waren, als Auflehnung gegen die bestehende Ordnung zu betrachten.

70. etiam: *doch noch.* — **exūrere** *„ausräuchern"; verbrennen.* — **animadversio;** s. zu 44. — Das Strafgericht gegen die Bevölkerung von Utica unterblieb vermutlich deshalb, weil Hadrianus ein Mariusanhänger war und von Sulla geächtet worden wäre, wenn er aus Utica entkommen wäre. — **ambūrere** eigentlich *rings anbrennen.* — **causam:** einen Grund, der sein Verhalten in Lampsakos als berechtigt oder gar notwendig erscheinen lassen könnte. — **stipendium cogere:** *Tribut eintreiben; Steuern eintreiben.* Die normalen Steuern einzuziehen war Sache der Steuerpächter, nicht der Beamten. Falls es aber infolge der harten Maßnahmen der Steuerpächter zu offener Auflehnung kam, mußte der Statthalter natürlich eingreifen oder seine Beamten eingreifen lassen. Aber Verres hatte in Lampsakos keine amtlichen Befugnisse. — **quae si diceret.** Sinn: *wenn er das mit Recht sagen könnte.*

71. nunc gegensätzlich: *nun aber.* — **frūgālis** *brav; ordentlich.* **ordinis sui frugalissimus:** *ein sehr ordentlicher Mann seines Standes* (**sui** geht auf Tettius, nicht auf Verres!). — **ornatissimus**; s. Sprache 6 (amplus). Der Militärtribun erhält natürlich ein ehrenvolleres Beiwort als der Amtsdiener. — **dicat** geht von der Vorstellung aus, daß die Verhandlung wirklich stattfände und Varro als Zeuge anwesend wäre. — **potestis**; s. zu AP 20, absolvitur. — **nisi vero dicet** ironisch: *er müßte denn schon sagen wollen.* — **et** hier wie etiam. — **quo tempore:** priore actione. — **ipse:** Hortensius. — **signi satis dare:** *deutlich genug erkennen lassen.* — **ut possemus** konsekutiv.

72. tantum: *nur so viel.* — **sequi:** *sich halten an; berücksichtigen.* — **consilium.** In einer Provinz übte der Statthalter die Strafgerichtsbarkeit aus. Zur Seite stand ihm ein Rat (consilium), zu dem vor allem der Quästor und die Legaten gehörten. Auch angesehene römische Bürger, die sich in der Provinz aufhielten, konnten hinzugezogen werden. Die Mitglieder des Rats hatten genau genommen nur beratende Stimme. Es war aber üblich, daß der Statthalter bei seinem Urteil die Meinung der Mehrheit des Rats berücksichtigte. — **potestas:** *Befugnis.* — **verum**; s. zu 1. — **aliquando**; s. zu 62. — **fide**; s. Sprache 6. — **verbo:** *dem Titel nach;* Gegensatz **re vera.** — **incolumis:** *ungefährdet.*

73. fecit id: *er verstand sich dazu.* — **bellum.** Der Statthalter von Kilikien hatte oft gegen wilde Bergvölker sowie gegen Seeräuber zu kämpfen. — **contendere:** hier *entschieden fordern.* — **cognosceret**; s. Sprache 6. — **qui esset** final. — **primus.** Wer von den Beisitzern zuerst sprach, konnte dadurch möglicherweise die anderen Beisitzer beeinflussen. — **praefecti** können Offiziere wie auch Zivilbeamte sein (s. zu II 17). In Kilikien standen immer Truppen, während Asia eine Provinz ohne Militär war. — **aequissimus** ironisch. — **togatus:** *römischer Bürger.* — **crēditor** *Gläubiger; Geldverleiher.* Gemeint sind römische Ritter, die in der Provinz als Bankiers tätig waren.

74. esset: Potentialis der Vergangenheit. — **vis et imperium:** *große Machtstellung.* — **apponitur:** *er läßt sich aufstellen.* — **si . . . posset exigere** direkt: si dixero, quod iste iusserit, . . . potero exigere. **iste, istius** geht hier wohl auf Dolabella, von dessen Machtstellung soeben die Rede war. Verres hatte keine Liktoren, über die er selbständig verfügen konnte. Daß Dolabella in Lampsakos keine Amtsgewalt hatte, spielte keine große Rolle. Da Nero offenbar nachgiebig war, stand zu erwarten, daß er Übergriffe hingehen lassen würde[2]. — **copiae:** *Aufgebot an Mitteln.* — **fortunae aguntur:** *es geht um die Existenz.* — **idem.** Verres war Zeuge, Beisitzer und „Inspirator" des Anklägers in einer Person. — **amplius** *mehr; weiter.* Mit dieser Formel sprachen sich die Beisitzer für eine Vertagung aus, wenn ihnen der Fall noch nicht genügend geklärt erschien.

---

[2] Eingriffe in die Befugnisse eines Magistrats kamen auch sonst vor. Nach dem Bericht des Plutarchos fiel im Jahre 75 Julius Caesar auf einer Seereise in der Gegend von Milet Seeräubern in die Hände. Durch Beauftragte ließ er die Küstenstädte der dortigen Gegend auffordern, für ihn Lösegeld zu zahlen, und zwar die ungeheure Summe von fünfzig Talenten. Es ist bezeichnend für die Verhältnisse in den Provinzen, daß die Städte nicht wagten, sich der Forderung eines fünfundzwanzigjährigen Senatorensohnes zu widersetzen. Das Geld wurde bezahlt; Caesar, kaum wieder frei, charterte Schiffe — auf welche Weise, wissen wir nicht —, warb eine Mannschaft von Abenteurern, erreichte die Piratenschiffe, versenkte einige, andere kaperte er. Von dem Lösegeld, das er bei dieser Gelegenheit zurückgewann, konnte er seine Mannschaft besolden; den größten Teil hat er vermutlich für sich behalten. Gegen den ausdrücklichen Willen des Statthalters von Asia, der die gefangenen Seeräuber als Sklaven verkaufen lassen wollte, ließ Caesar die Gefangenen hängen oder — nach anderen Quellen — kreuzigen. Caesar war damals Privatmann; er war zwar Sohn eines Senators, aber noch viel zu jung, um überhaupt ein Staatsamt bekleiden zu können. Selbstverständlich darf man seine Handlungen nicht nach den Bestimmungen des heutigen Strafrechts beurteilen. Die Küstenstädte Kleinasiens, die im geheimen die Seeräuber unterstützten und auch wohl an deren „Einnahmen" beteiligt waren, hatten nach römischer Auffassung die Pflicht, das Lösegeld für römische Bürger aufzubringen, die von den Seeräubern festgehalten wurden. Und ein privates Unternehmen, das zur Vernichtung eines Seeräubergeschwaders führte, mußte als verdienstvolle Tat gelten, aber keinesfalls als gesetzwidrige Handlung. Daß Seeräuber vogelfrei waren und die Todesstrafe verdienten, war ganz selbstverständlich. Daß aber der junge Caesar sich erlauben konnte, eigenmächtig Todesurteile zu verhängen und vollstrecken zu lassen, noch dazu gegen den Willen des Statthalters, ist ungeheuerlich. Dieser Fall zeigt, was für Vorkommnisse in den Provinzen möglich waren. Es ist nicht bekannt, daß Caesar für sein eigenmächtiges Handeln zur Rechenschaft gezogen worden wäre.

75. spiritūs: *leidenschaftliches Auftreten.* — **huius:** Verris. — **concursātiō** *das Herumlaufen.* Verres wandte sich an jeden der Beisitzer und beschwor ihn, für eine Bestrafung des Philodamus einzutreten. — **nimium** Adv. wie nimis. — **demissus:** *nachgiebig.* — **potuerit** ungewöhnlich statt posset. — **non habebat** mit abhängigem Fragesatz wie οὐκ εἶχεν: *er wußte nicht.* — **probarent**, nämlich auch heute noch. — **pronuntiare:** *das Urteil verkünden.* — **ereptus:** *erpreßt; erzwungen.* — **perpaucis,** also mit einer knappen Mehrheit. — **adest:** *er tritt dafür ein.* Beachte die Fülle des Ausdrucks: **adest, instat, urget.** — **secūrī ferire:** *enthaupten.*

76. liberorum: rhetorische Übertreibung. — **esse percussos homines** abhängig von **fletum, luctum, gemitum.** — Cicero bemüht sich, Nero von der Mitschuld an dem Justizmord reinzuwaschen. Er betont sogar, Nero habe wegen des Urteils — das er doch selbst sprach! — Tränen vergossen. Die Absicht ist deutlich: Nero muß entlastet werden, damit die Niederträchtigkeit des Verres desto klarer hervortritt. Eine schwere Schuld fällt auch auf Dolabella, der eine verdächtig wirkende Entschlossenheit an den Tag legt, für seinen Legaten einzutreten.

Verres als Stadtprätor

Die Ausführungen über die Prätur des Verres bilden die Überleitung zu dem mit der zweiten Rede beginnenden Hauptthema. Cicero schildert, wie Verres als Stadtprätor ungerechte Urteile über römische Bürger gesprochen habe. Zweck der Darstellung ist es, die Spannung zu steigern. Dem Leser oder Hörer drängt sich die Frage auf, wie ein Magistrat, der die Rechte römischer Bürger, sogar römischer Senatoren antastete, erst die wehrlosen Provinzbewohner behandelt haben mag.

103. verum; s. zu 1. — **nobis** für mihi. — **offensio neglegentiae:** *Vorwurf wegen meiner unvollständigen Darstellung.* — **me excusatum volo alicui:** *ich will gerechtfertigt dastehen vor jemandem.* Von **excusatum** hängt **fore** ab. — **integra:** *als neues Material,* über das bisher noch nicht gesprochen worden ist. — **velim; existimem** sollen die Meinung der Beurteiler **(his omnibus)** ausdrücken. — **rationem;** s. Sprache 6. — **brevitatis ac temporis;** s. Sprache 4c. — **prōrsus** Adv. *durchaus.*

125. nescio an *ich weiß nicht, ob nicht etwa,* d. i. *vermutlich, wahrscheinlich.* — **hereditatem adire:** *eine Erbschaft antreten.* — **ex edicto.** Der Prätor pflegte bei seinem Amtsantritt durch ein Edikt die Richtlinien bekanntzugeben, nach denen er bei der Rechtsprechung verfahren wollte. Ein solches Edikt enthielt, wie wir heute sagen würden, „Ausführungsbestimmungen" zu den Gesetzen und Grundsätze für die Fälle, die in den Gesetzen nicht vorgesehen waren. — **quod** relativ. — **sextam partem.** Nach römischem Brauch fiel beim Tode eines Freigelassenen ein Teil seines Besitzes an seinen früheren Herrn **(patronus)** oder an dessen Erben. Der Praetor urbanus war berechtigt, diesen Teil auf ein Sechstel festzusetzen. — **dēcīdere:** *ein Abkommen treffen; friedlich regeln.* — **in possessionem ire:** *Besitz ergreifen;* Subjekt mulierem. — **hereditas venit:** *die Erbschaft fällt zu.* — **tum:** als Sacerdos Praetor urbanus war, also im Jahre vorher. — **pretium:** *Bestechung.*

126. hominem: Verrem. — **quam pridem:** *vor wie langer Zeit.* — **ad extremum:** *schließlich.* — **accusare:** *mit Vorwürfen überhäufen.* — **adventīcius** *von außen kommend; zufällig kommend.* — **hērēditārius** *die Erbschaft betreffend; geerbt.* Gemeint ist, daß der Besitz ihm gewissermaßen in den Schoß gefallen sei. — **diligens:** *genau; kleinlich.* — **rationem ducere;** s. Sprache 6 (ratio). **suam:** Verris. — **canes** hier „*Spürhunde*", also Spitzel, die für Verres die Gelegenheiten erkundeten, aus denen er Vorteil ziehen konnte. — **pro testimonio:** *als Zeugen.*

127. planum facere: *beweisen.* — **levis:** *bedeutungslos.* — **hoc iuris:** *eine solche Art von Recht.* — **cohērēs** *Miterbe.* — **quo ore:** *in welchem Ton* oder *mit welcher Rücksichtslosigkeit.* **os** bedeutet oft *Gesicht* und in übertragenem Sinne *Unverschämtheit.* — **mūnicĭpium** *Landstadt* in Italien. — **ornatissimum;** s. Sprache 6 (amplus). — **copiae:** *Vermögen.* — **dubitavit** wirkungsvoll, da der Satz mit **an vero dubitamus** begonnen hat.
Cicero will natürlich sagen, daß der habgierige Verres die Interessen der erwähnten Frau nur deshalb so energisch vertrat, weil er von ihrem Erbanteil Prozente bekommen sollte. Rechtlich stehen die Anschuldigungen Ciceros auf schwachen Füßen. Wir erfahren nur, daß Sacerdos kein Edikt erlassen habe, in dem für die Hinterlassenschaft eines Freigelassenen ein Pflichtteil von einem Sechstel für den ehemaligen Herrn festgesetzt war. Es ist aber wenig wahrscheinlich, daß Sacerdos den Patronen überhaupt den Anspruch auf einen Pflichtteil aberkannt und damit gegen die römische Tradition verstoßen habe. In Rom spielte bei Rechtsfragen das Herkommen eine sehr große Rolle. Das Edikt des Verres, das sich an das Herkommen hielt, war wohl kaum anfechtbar. Fraglich war nur, ob es auf Erbfälle angewendet werden durfte, die vor der Prätur des Verres eingetreten waren. Im Falle Ligus war aber vielleicht ein Verstoß gegen die Tradition vorgekommen; wenn Ligus die Erbschaft, wie Cicero bemerkt, **sine ulla controversia** angetreten hatte, so ist damit nicht gesagt, daß der Prätor überhaupt davon ge-

wußt habe und damit einverstanden gewesen sei, daß Ligus das ganze Erbe erhielt. Es wäre ja auch möglich, daß Ligus den Todesfall absichtlich verheimlicht hat und daß die Klägerin (die Tochter des patronus) von der Sache erst erfuhr, als Verres bereits Prätor war. Auf diese Fragen, die doch für die Beurteilung der Rechtslage wichtig sind, geht Cicero mit keinem Wort ein, und das hat jedenfalls seinen Grund. Wenn Cicero Trümpfe in der Hand hatte, vergaß er sicher nicht, sie auszuspielen. Man kann also nicht ohne weiteres bestreiten, daß Verres das Recht gehabt habe, den Fall aufzugreifen. Hätte die zweite Verhandlung wirklich stattgefunden, würde Hortensius die lückenhafte Darstellung Ciceros mit Behagen untersucht und ergänzt haben. — Wie die Erbschaftsangelegenheit ausgegangen ist, sagt Cicero nicht.

155. iudicium publicum; s. Sprache 6. Die Strafgerichtsbarkeit gehörte im allgemeinen nicht zum Aufgabenbereich des Praetor urbanus. — **exercuit** besagt, daß er den Vorsitz in der betreffenden Strafkammer führte. — **non . . . ne . . . quidem:** *auch nicht.* Die doppelte Negation verstärkt. — **multam petere ab aliquo:** *eine Geldstrafe beantragen gegen jemand.* — **verbo:** *dem Namen nach;* s. zu 72. — **dixisset.** Man erwartet nach **re vera** den Indikativ. — **tantum:** *nur so viel.* — **levissime:** *sehr gelinde.* — **hoc:** Verre. — **per ludum:** *spielend; ohne Verantwortungsgefühl.* — **per iocum:** *durch ein Gaukelspiel.* — **fortunae:** *Besitz.* — **evertere:** *hinausstoßen; verdrängen.*

156. is: Verres. — **etiam:** *sogar noch.* — **novem diebus**; s. Einl. 15 und 16. — **ornamenta:** *Glanz und Ehren.* — **indignitas:** *der empörende Verlauf.* — **praedam facere:** *Gewinn einstreichen.* — **hoc:** *nur das.* — **honestissimorum**; s. Sprache 6 (amplus). — **tabulis**; s. Sprache 6. — **planum fecero**; s. zu 127. — **tempus:** *Lage; Erfordernisse des Augenblicks.* — **iam:** *und nun.* — **manŭbiae, -ārum** *Kriegsbeute; Raub.* — **detrahere:** das Bild des Kriegers, der dem gefallenen Feinde die Rüstung abreißt. — **poterit?:** *soll können?*

II.

DE PRAETURA SICILIENSI

Das Wort **praetura** bedeutet hier Statthalterschaft, obwohl der Statthalter eigentlich nicht Prätor war, sondern die Provinz p r o p r a e t o r e, also als Proprätor verwaltete. Cicero braucht durchweg den Titel **praetor** im Sinne von P r o p r ä t o r.

Die Überschrift D e p r a e t u r a S i c i l i e n s i ist anfechtbar, da ja auch die drei folgenden Reden von der Statthalterschaft des Verres in Sizilien handeln.

Bedeutung Siziliens für Rom

1. aliquando: *endlich einmal; endlich.* — **fidei;** s. Sprache 6. — **causam;** s. Sprache 6. — **amplius:** *eine umfangreichere* (*wichtigere*) *Aufgabe.* — **ordinis** (senatorii); s. Einl. 8, Ende. — **adduceretur** (in iudicium). — **firmus:** *entschlossen.*

2. relinquere: *beiseite lassen.* — **fürtum** *Diebstahl;* überhaupt *Vergehen gegen fremdes Eigentum.* — **agere;** s. Sprache 6. — **incommoda:** *Leiden.* — **dignitas:** *hohe Bedeutung.* — **vetustate,** da Sizilien die e r s t e römische Provinz war. — **rationem;** s. Sprache 6. — **primum.** Die soeben gegebene Dreiteilung wird im folgenden nicht eingehalten. — **benevolentia:** *freundschaftliche Gesinnung.* — **quae venissent** einschränkend: *soweit sie . . .; sofern sie . . .* — **numquam deficerent** übertrieben. Im 2. Punischen Kriege waren mehrere sizilische Städte auf die Seite Karthagos getreten. Gerade die Stadt Syrakus, die doch als eine **maxime illustris** anzusehen ist, hatte sich nach dem Tode Hierons (215) von Rom losgesagt

3. maioribus [illegible] **gradum imperii:** *Schritt zur Ausdehnung des Machtbereichs.* — **receptaculum:** *Stützpunkt; Basis.* — **sīgnum** oft *Bildwerk; Standbild.*

4. ille: *der berühmte; der bekannte.* — **in bello:** *im Verlaufe des Krieges.* — **verum** oft = s e d. — **ĭdem** im Deutschen Adverb: *zugleich.* — **hostium urbem.** Gemeint ist Syrakus; s. zu 2, numquam deficerent.

5. itaque knüpft ebenso wie das frühere **itaque** (3) an den Schlußgedanken von 2 an. — **posset** innerlich abhängig. — **efferre:** *hervorbringen.* — **deberet.** In Relativsätzen mit iterativem Sinn steht bei Cicero selten, bei Späteren oft der Konjunktiv. Hier ist der Modus wohl auch durch die vorhergehenden Konjunktive **posset** und **putaremus** beeinflußt. — **ad diem:** *termingemäß.* — **cella** *Kammer.* — **pĕnārius** *zum Vorrat gehörig; Vorrats-.* — **nūtrīx, -īcis** *Ernährerin.* — **Italicum bellum:** der sogenannte Bundesgenossenkrieg oder Marsische Krieg (91—88), der die Existenz Roms bedrohte. — **illo;** s. zu 4. — **refertus** *vollgestopft.* — **cŏrium** *Haut; Leder.* — **suppeditare:** *liefern.* **suppeditando** (in einigen Handschriften s u p p e d i t a t o) gehört sinngemäß zu allen drei Substantiven.

6. quid? s. zu D 45. — **illa:** die sonstigen Vorteile. — **habent** (cives Romani). — **illa:** Sicilia. — **quaestu;** s. Sprache 6. — **compendium** *Ersparnis; Gewinn.* — **pāscĕre, pāvī,** pāstus *weiden; füttern; Viehzucht treiben.* — **domus:** *Heimat.* — **detinere:** *festhalten.*

7. praedium: *Domäne.* — **vectīgal** hier *Steuerbereich; abgabenpflichtiges Land.* — **vos:** iudices. — **praediis.** Hier sind private Landgüter gemeint. — **suburbānitās** *Lage in der Nähe von Rom.* — **virtus:** *vorbildliche Haltung.* — **frūgālitās** hier *Genügsamkeit.* — **illam;** s. zu 4. — **incrēbrēscĕre,** -crēbruī *sich verbreiten.* — **dēsĭdium** *Müßiggang; Faulheit.* Die Menschen der hellenistischen Welt standen bei den Römern nicht in gutem Rufe. Der berühmte alte Cato hatte es als eine wichtige Aufgabe angesehen, bei jeder Gelegenheit gegen die griechische Dekadenz und ihre bösen Wirkungen auf Rom zu wettern[3]. — **contrā** Adv. *im Gegenteil.* **diligentia:** *Genauigkeit; Ordnungssinn.* — **diligunt** (Siculi). — **pūblĭcānus** *Steuerpächter.*

8. ita: *so geduldig.* — **ara** als Stätte des Asyls. — **accipere:** (als Vermächtnis) *übernehmen.*

9. hunc: Verrem. — **usitato more:** Die Provinzen haben sich im Laufe der Zeit an vieles gewöhnen müssen — eine vielsagende Kritik an dem römischen Verwaltungssystem! — **libīdō:** *Willkür.* — **persequi:** (*gerichtlich*) *verfolgen.* — **quandōquĭdem** *da nun einmal.* — **exagitāre** *hinaustreiben; verjagen.*

---

[3] Cicero bezeichnet in einem Briefe an seinen Bruder Quintus die Griechen seiner Zeit — von wenigen Ausnahmen abgesehen — als charakterlose Schwindler: . . . vero fallaces sunt permulti et leves et diuturna servitute ad nimiam assentationem eruditi (ad Q. fratrem I 1, 16).

Erstes Auftreten des Verres in Sizilien; die Rechtsverhältnisse in Sizilien

17. In einer Grenzprovinz stand gewöhnlich eine starke militärische Macht; und da Grenzkriege fast nie ganz aufhörten und nicht selten Aufstände ausbrachen, war der Statthalter einer Grenzprovinz oft durch seine militärischen Pflichten sehr in Anspruch genommen. Dasselbe gilt von seinen hohen Beamten. Im Bellum Gallicum z. B. treten Caesars Quästor und die Legaten fast nur als Generale hervor, die Präfekten führen das Kommando über die von befreundeten Stämmen aufgestellten Reiterschwadronen. Ganz anders lagen die Verhältnisse in Sizilien sowie überhaupt in den Provinzen im Inneren des Reiches. In diesen Provinzen standen keine Truppen. Der Statthalter konnte sich fast ganz seinen zivilen Aufgaben, der Verwaltung und der Justiz, widmen. Zum Stabe des Statthalters gehörten ein Quästor **(quaestor)** — in Sizilien gab es zwei Quästoren (s. Einl., Fußnote 19) —, mehrere Legaten **(lēgātī)**, d. h. hohe Kolonialbeamte senatorischen Standes, sowie Präfekten **(praefectī)**, d. h. höhere Beamte nichtsenatorischen Standes, also gewöhnlich Söhne von Senatoren und Rittern. Meist lebten in der Umgebung des Statthalters junge Söhne befreundeter Senatoren, die — ohne amtliche Stellung — die Provinzverwaltung kennenlernen wollten. Wurde die Provinz von einem Aufstand oder einem äußeren Feinde bedroht (z. B. von Seeräubern), so war natürlich der Statthalter militärischer Oberbefehlshaber. Seine Legaten und Präfekten übernahmen Kommandos über die Bürgeraufgebote und Kriegsschiffe, die von zuverlässigen Städten und Stämmen gestellt wurden.

Das Gefolge des Statthalters bildete die **cohors praetōria**. Zu ihr gehörten sechs Liktoren **(līctōrēs)**, die mit ihren Rutenbündeln und Beilen die Gewalt des Statthalters über Leben und Tod verkörperten, ferner viele untere Beamte jeder Art **(appāritōrēs)**, meist Freigelassene, wie Sekretäre **(scrībae)**, Amtsdiener **(accēnsi)**, Dolmetscher **(interprĕtēs)**, Ausrufer **(praecōnēs)**, Ärzte **(mĕdĭcī)**, Wahrsager **(haruspĭcēs)** und endlich zur persönlichen Bedienung des Statthalters eine große Anzahl von Freigelassenen und Sklaven.

Der wirkliche Machtapparat des Statthalters war gering. Trotzdem genügte in den meisten Fällen der bloße Gedanke an die Macht Roms, die Bevölkerung im Gehorsam zu erhalten.

qui: Verres. — **obvenire:** *zufallen.* Welche Provinz ein Proprätor erhielt, wurde durch das Los entschieden. — **uno anno.** Verres mußte damit rechnen, daß seine Statthalterschaft, wie üblich, nur ein Jahr dauern werde. — **in agendo:** *erst während seiner*

Tätigkeit. — **non rudis et tiro.** Er verstand sich bereits auf die Methoden, eine Provinz auszuplündern.

18. conicere: *vermuten; erschließen.* — **in** illam provinciam: *für ...; mit Bezug auf ...* — **famae atque sermonis.** Gemeint ist eine Prophezeiung des Volksmundes. — **nomine.** verrĕre bedeutet *fegen; zusammenscharren;* verrēs also *du wirst zusammenscharren.* — **perrīdiculē** Adv. *höchst spaßhaft.* — **in quaestura;** vgl. I 34 ff. — **recognoscere** hier *sich ins Gedächtnis rufen.* — **lēgātiō** *Legatenamt;* vgl. I 44 ff. — **spŏliātiō** *Plünderung.* — **in foro:** bei seiner richterlichen Tätigkeit; vgl. I 103 ff. — **āctus,** -ūs der *Akt* eines Bühnenstückes. Zu der Vierteilung vgl. I 34. — **fūrārī** *stehlen.* — **nomina:** die Namen bestimmter Personen, mit deren Geld Verres sich zu bereichern gedachte.

19. urbānus doppelsinnig: a) *in der Stadt* (*Rom*) *entstanden;* b) *witzig; geistreich.* — **ēverrĕre** *ausfegen;* auch *ausplündern;* s. zu 18, nomine. — **dedit** wie misit. — **hērēditās** *Erbschaft.* — **cognoscere;** s. Sprache 6. — **hereditas venit:** *die Erbschaft fällt zu.*

20. beneficio: *auf die Fürsprache hin.* — **prīmārius** *hervorragend; vornehm.* — **tabulis;** s. Sprache 6. — **satisfacere:** *hinreichend beweisen.* — **sestertium decies;** s. Anhang 4. — **numerata.** Gemeint ist, daß Dion die Summe an Verres zahlen mußte. — **causam obtinere:** *in einer Sache recht behalten.* — **isto;** s. zu AP 3. — **cognoscente;** s. Sprache 6. — **equa:** *Zuchtstute.* — **strāgŭlus** *zum Ausbreiten geeignet.* **vestis stragula:** *Teppich.* — **domi** (Dionis).

21. quid? s. zu D 45. — **praetor** als Amtsbezeichnung des Sacerdos sowohl im Sinne von *Prätor* wie von *Proprätor.* — **molestum esse:** *Schwierigkeiten machen.* — **tum:** als Verres sein Amt als Statthalter antrat. — **deferre:** *Klage einreichen;* s. Einl. 13. — **quadruplātor** *gewerbsmäßiger Ankläger* (*Kläger*)*; Denunziant.* — **frĕtum** *Meerenge;* im besonderen die Meerenge von Sizilien, die heutige Straße von Messina. — **praestō** Adv. *zur Stelle.* — **ad urbem,** also noch bevor er nach Sizilien reiste. — **iussum esse.** Diese Verpflichtung wurde dem Erben durch das Testament auferlegt. — **esse multatum:** *zur Bestrafung verfallen sein;* d. h. in diesem Falle sollte die Erbschaft dem Tempel der Venus zufallen. — **essent** innerlich abhängig. — **nomen:** der auf den Namen des Schuldners eingetragene *Schuldposten,* daher auch *Schuldforderung; Anspruch.* — **calumnia** *Verdrehung; falsche Anklage* (*Klage*). **calumniātor** *falscher Ankläger* (*Kläger*) 22. Man konnte die Erbschaft z. B. mit der Behauptung anfechten, daß Zahl, Größe und Wert der von dem Erben gestifteten Statuen nicht den Forderungen des Testaments entsprächen. Immerhin erwies sich der von Verres ersonnene Vorwand als so wenig glaubwürdig, daß kein anständiger Mensch sich dazu hergab, als Kläger aufzutreten.

22. apponere (accusatorem): *aufstellen.* — **obtinere** etwa *die Aufsicht haben über.* Dem Quästor von Westsizilien (s. Einl., Fußnote 19) hätte es eigentlich zugestanden, die Erbschaft anzufechten. — **excursor, ēmissārius.** Beide Substantive bedeuten *Späher; Spitzel; Spion.* — **conventus** hier verächtlich: *Verein; Zunft; Gesellschaft.* — **cōnsīderātus** *bedächtig; besonnen;* hier *klug; geschickt.* — **Dionem.** Fast alle Handschriften haben hier Hunc hominem. Gemeint sein kann nur Dion. — **Veneri:** dat. incommodi. Sinn: Dion wurde, soweit es Venus Erycina betraf, freigesprochen. — **sibi condemnat.** Sinn: Er verurteilte Dion insofern, als er eine Million und vieles andere von ihm erpreßte. — **vidēlīcet** Adv. *offenbar.* — **deberi:** *zustehen; gebühren.* Cicero will sagen, Verres habe die Göttin davor bewahren wollen, sich fremdes Eigentum anzueignen, und habe darum dieses Verbrechen lieber selbst begangen.

32. verum; s. zu 4. — **amplecti:** *einen Überblick gewinnen über.* — **iudiciorum;** s. Sprache 6. — **instituta:** *Anordnungen.* — **agat;** s. Sprache 6. — **domi:** *in seinem Heimatort.* — **certare** wie agere. — **suis legibus:** *nach den in seinem Heimatort geltenden Gesetzen.* — **ex:** *auf Grund von.* — **de sententia:** *auf das Gutachten hin.* — **sortiri:** *durchs Los bestimmen lassen.* — **quod ... petit:** *was verlangt.* Wir sagen: *wenn ein Privatmann gegen eine Gemeinde klagt.* — **senatus:** *Gemeinderat* oder *Stadtrat* einer Provinzstadt. — **dare:** *bestimmen.* — **alternus** *abwechselnd; wechselseitig.* — **civitates:** die Gemeinderäte der Gemeinden. — **reicere** *verwerfen; ablehnen.* — Bei Rechtsstreitigkeiten zwischen einem Privatmann und einer Gemeinde hatte der Gemeinderat einer anderen Stadt zu entscheiden. Wenn jede der beiden Parteien den von der anderen Seite als gerichtliche Instanz vorgeschlagenen Gemeinderat ablehnte, wurde vom Statthalter der Gemeinderat irgendeiner Stadt zum Gerichtshof bestimmt. — **ceterarum rerum.** Wir sagen: *für die übrigen Fälle.* — **conventu;** s. Sprache 6. — **proponere:** *aufstellen.* — Die höchste Gerichtsbarkeit in einer Provinz lag beim Statthalter. Dieser Grundsatz galt vor allem für die Strafgerichtsbarkeit[4]. Auf dem Gebiet der Zivilgerichtsbarkeit waren die Provinzgemeinden auf Grund von Gewohnheitsrecht in weitem Umfang selbständig, in Sizilien war ihnen außerdem durch die lex Rupilia manches Sonderrecht gegeben worden. Bemerkenswert ist der Brauch, daß bei Streitigkeiten zwischen

[4] Die Gemeinden, die offiziell als „Verbündete" Roms galten (s. zu D 37, sociorum), waren auch in der Strafgerichtsbarkeit ziemlich selbständig, doch wurden diese Vorrechte von den Statthaltern durchaus nicht immer berücksichtigt. Der Fall Dion (19 ff.) und der Fall Sopater zeigen, wie wenig Verres die Sonderstellung der civitates liberae et immunes achtete.

römischen Bürgern und Siziliern die Richter aus dem Volk des Beklagten, nicht des Klägers, genommen wurden. In manchen Fällen wurde von einem Richterkollegium entschieden, in anderen von einem Einzelrichter, dem ein Rat (consilium) mit beratender Stimme zur Seite stand. — **arātor** *Bauer.* — **decumānus** *Zehntpächter.* Die Willkür der Zehntpächter, denen die Bauern der meisten Gemeinden Siziliens den „Zehnten" ihrer Erträge abliefern mußten, rief viele Unzufriedenheit hervor. Davon handelt die dritte Rede. — **lex frumentaria:** *Gesetz über Getreideablieferung;* s. EN Hiero. — **iudicium;** s. Sprache 6.

33. suae: *ihre eigenen,* nämlich der sizilischen Gemeinden. — **ageret;** zum Konjunktiv s. zu 5, deberet. — **commodus** *genehm; erwünscht.* — **praecō** *Ausrufer.* Menschen niederen Standes, insbesondere Freigelassene zu Richtern zu bestellen, verstieß gegen alles Herkommen. — **legibus,** nämlich nach den in der betreffenden Gemeinde geltenden. — **venerant,** nämlich die beiden Prozeßgegner. — **civi:** iudici. — **perpĕram** Adv. *falsch.* — **cogniturum;** s. Sprache 6. — **animadvertere** oft *strafend einschreiten; strafen.* — **faciebat** (Verres). — **in eo:** *dabei.* — Verres hatte als Vertreter der Hoheit Roms und als höchster Gerichtsherr die Befugnis, ungerechte Richter zur Verantwortung zu ziehen. In dieser Beziehung ist das erwähnte Edikt unanfechtbar. Das Verwerfliche lag darin, daß Verres (nach Cicero) gar nicht die Absicht hatte, die Richter zur Gerechtigkeit zu erziehen, sondern daß er sie zwingen wollte, gegen ihr Gewissen Urteile zu fällen, die seinen Wünschen entsprachen. Anstößig war es ferner, daß Verres bei seinen Maßnahmen oft gegen das Herkommen verstieß. Wenn der Statthalter — ebenso wie die Prätoren in Rom — auch berechtigt war, die Gesetze durch seine Edikte zu ergänzen, so mußte er dabei doch stets das Herkommen berücksichtigen. Für das Rechtsempfinden der Römer war die Tradition in gewissem Umfang verbindlich.

34. conventu; s. Sprache 6. — **propositi;** s. zu 32. — **negotiatores** bildeten als Großkaufleute und Bankiers die obere Schicht des conventus. — **copia** hier verächtlich: *Schar; Gesellschaft.* — **cohors** (praetoria); s. zu 17. Sinn: Die cohors praetoria eines Scaevola bestand aus Menschen, gegen die nichts einzuwenden war, und dennoch . . . — **dare** (iudices); s. zu 32.

Der Fall Sopater

68. res capitalis: eine Sache, bei der es um den Kopf geht; also *Kapitalverbrechen.* — **quaestionibus;** s. Sprache 6. — **causam** (s. Sprache 6) bedeutet dasselbe wie **rem.** — **domi;** s. zu 32. — **cum primis** wie imprimis. — **facile:** *ohne Schwierigkeit.* — **eo**

iudicio: iudicio Sacerdotis. — **nomen deferre:** *Anklage erheben.* Der Gegenstand der Anklage steht hier im Genetiv, der Angeklagte im Dativ (dat. incommodi), während gewöhnlich der Angeklagte im Genetiv steht (s. Einl. 13). — **improbare:** *verwerfen; umstoßen.* Gerichtsentscheidungen waren nach römischer Auffassung im allgemeinen endgültig.

69. splendidus; s. Sprache 6 (amplus). — **accēnsus** *Amtsdiener.* — **trānsāctor** *Vermittler.* — **ob salutem** (Sopatri) stellt einen Freispruch in Aussicht, sichert ihn aber nicht fest zu! — **rescindere:** *umstoßen.* — **neque habuit;** s. zu I 75, non habebat. — **nummārius** *Geld betreffend; Geld-.* — **sestertia octoginta;** s. Anhang 3. — **perducit.** Sinn: *Er brachte ihn dazu, . . . anzunehmen.*

70. nullus: *völlig bedeutungslos.* — **perorare:** *zu Ende führen.* — **hic:** Sopater. — **sapĕre,** -iō, - iī *verständig sein.* — **iure et tempore:** abl. qualitatis. Sinn: Er war als Provinziale ein Mann minderen Rechtes und als Angeklagter von vornherein in ungünstiger Lage. **tempus** oft *Lage; Situation.* — **consilio;** s. zu I 72. — **conventu;** s. Sprache 6. — **hoc rationis** wie hanc rationem.

71. iidem, qui solebant: die römischen Bürger, die gewöhnlich Beisitzer bei Strafprozessen waren. Wenn sie in großer Zahl erschienen, so besagt das nicht, daß sie in diesem Falle wirklich als Beisitzer zugezogen wurden. Es stand dem Proprätor frei, Mitglieder des consilium in beliebiger Zahl zu bestimmen. — **operam dare:** *seine Tätigkeit ausüben.* Petilius war zur gleichen Zeit Richter in einem Zivilprozeß. Verres wollte ihn entfernen und ordnete deshalb an, daß Petilius sofort seines Amtes als Zivilrichter walten solle. — **in consilio:** als Beisitzer in dem Zivilprozeß; s. zu 32, proponere. — **liberalis** ironisch: *großzügig; entgegenkommend.* — **ceteri,** nämlich diejenigen, die Petilius nicht zu seinem consilium berufen hatte. — **alterūter** *einer von beiden.* — **iudicium.** Gemeint ist der Zivilprozeß. — **adesse,** nämlich als advocati (s. Einl. 4, Ende).

72. quaesiturus; s. Sprache 6. — **cognorant,** da sie ja schon unter Sacerdos Beisitzer gewesen waren. — **nam hercule:** *ja, bei Hercules!* verblaßt zu *ja wahrhaftig!* — **subsellium** *Bank.*

73. prosequi: einem Weggehenden mit Worten *das Geleit geben;* also *zurufen.* — **in se:** in Verrem. — **crimen invidiamque conflare:** *eine feindliche und gehässige Stimmung erregen.* **cōnflāre** *zusammenblasen* (die Glut) = *anfachen* paßt gut zu invidiam, weniger zu crimen. — **sic negotiaretur, ut . . . meminisset.** Sinn: *er war als Kaufmann korrekt und kannte seine rechtliche und soziale Stellung.* — **agere;** s. Sprache 6. Obwohl agere überliefert ist, nehmen fast alle Herausgeber einen Schreibfehler für augere an (rem augere:

sein Vermögen vergrößern), weil man nach dem vorausgehenden **negotiaretur** einen Ausdruck aus dem Geschäftsleben erwartet. Aber das als selbstverständlich Erwartete braucht nicht das Richtige zu sein. — **ut ne.** Der Konsekutivsatz hat zugleich finalen Sinn. — **libertas:** *Unabhängigkeit.* — **tempus fert:** *die Lage erfordert;* s. zu 70. — **ablēgāre** *wegschicken.* — **Siculos.** Die anwesenden Sizilier konnten sich nicht dasselbe erlauben wie die angesehenen römischen Bürger. — **advocati;** s. Einl. 4, Ende.

74. **importūnitās** *Rücksichtslosigkeit.* — **destituere:** *im Stich lassen; allein lassen.* — **dimittere:** *aufheben; vertagen.* — **ita:** so, wie die Lage jetzt war. — **patronus:** *Anwalt; Verteidiger.* — **rescidisset;** s. zu 69. — **invidia** hier *Empörung; Entrüstung.* — **aestuāre** *lodern; wogen;* hier *bewegt sein.* — **accensus;** s. zu 69. — **ad aurem** (Verris).

75. **aliquando;** s. zu 1. — **age dic!** an den Angeklagten gerichtet, der sich also jetzt selbst verteidigen sollte. — **cognosceret;** s. Sprache 6. — **citare:** *aufrufen.* — **nihil interrogatur.** Das war ganz ungewöhnlich! — **praeco;** s. zu 33. — **dixisse** (testes). Mit dem Rufe dixerunt gab der Ausrufer (auf Anordnung des Richters) das Ende der Zeugenvernehmung und damit der Verhandlung bekannt. Danach folgte das Urteil. — **proferre:** *verschieben; vertagen.* — **ita** fällt im Deutschen fort. — **indicta causa;** s. Sprache 6 (causa). — **de sententia;** s. zu 32. Verres bestellte also sogar bei einem Strafprozeß Angehörige seiner cohors praetoria zu Beisitzern, Menschen, die von ihm völlig abhängig waren (s. zu 17). — **condemnat.** Was mit Sopater geschehen ist, wissen wir nicht. Zum Fall Sopater s. zu 32, Fußnote 4.

Der Fall Sthenius

82. **nobilis** hier *berüchtigt.* — **stŭprum** *Unzucht.* — **concludere:** *abschließen.*

83. **assīdet,** nämlich als Zeuge. — **virtus:** *vorbildliche Haltung.* — **fuisset,** nämlich zu kurzen Besuchen. — **paulo magis:** *auch nur ein wenig mehr* als Gegenstände von Durchschnittswert. — **studiosius** (quam ceteri). — **supellēx,** -pellēctīlis f. *Hausgerät; Geschirr.* — **tabulas;** s. Sprache 6. — **argentum:** *Tafelsilber.* — **prŏut** *in dem Maße, wie.* — **facultates ferunt:** *die Verhältnisse gestatten es.* — **adventus:** *Besuch.* — **nostrorum:** Romanorum.

84. **ferre:** *hinnehmen.* — **angĕre,** ānxī *würgen; quälen.* — **nudam atque inanem;** s. Sprache 4b. — **verum;** s. zu 4. — **impertire:** *mitteilen.* — **placidē:** *mit Gelassenheit.*

85. **signa;** s. zu 3. — **adamāre** *liebgewinnen.* — **prŏfitērī:** *zusagen.* — **Africani;** vgl. 3. — **incolumi . . . imperioque.** Wir sagen: *solange . . .*

86. **hoc** weist auf den folgenden a. c. i. hin. — **reliquum facere:** *übriglassen.* — **agri fines:** *Feldmark.* — **fortunae:** *Lage; Stellung.*

87. **habitus,** -ūs *Kleidung.* — **incurvus:** *in gebeugter Haltung.* — **ut putant** (Siculi). Etwas von Kunst zu verstehen galt in weiten Kreisen Roms als unrömisch. Cicero vermeidet es daher, ein eigenes Urteil über Kunstwerke abzugeben.

88. **in senatu** (Thermitanorum); s. zu 32. — **copiosus** ist ein Redner, der über einen reichen Wortschatz verfügt. Wir sagen ungenau: *gewandt.* — **monumenta** im wörtlichen Sinne, da sie an die Vorfahren „erinnern". — **spŏlia hostium:** *Beutestücke, die den Feinden entrissen worden sind.* — **viri:** P. Africani. — **societatis.** Thermae gehörte nicht zu den mit Rom „verbündeten" Städten; s. zu D 37, sociorum. — **satius:** *besser.* — **solum** prädikativ. — **de publico:** *aus öffentlichem Eigentum.* — **imperium:** *Machtwort.* — **pretium:** *Bezahlung.* — **cupiditates:** *Sammelleidenschaft.*

89. **renuntiare:** *aufkündigen.* — **ēmĭgrāre:** *ausziehen* aus einem Hause. Mit dem Wort „ausziehen" verbindet sich die Vorstellung, daß man die Einrichtung mitnimmt; aber diesen „Auszug" hatte Verres schon vorher besorgt **(emigrarat).** Darum fügt Cicero noch das eindeutige **exit** hinzu. — **atque adeo:** *oder vielmehr.* — **ēmentīrī** *erfinden; erdichten.* — **crīminārī** *beschuldigen.* — **omnia** anzüglich, geht auch auf Kallidama. — **observare:** *rücksichtsvoll behandeln.* — **affinis:** *verschwägert; verwandt.* — **līneāmenta,** -ōrum: *Gesichtszüge.*

90. **periculum** auch *Prozeß.* — **deferre:** *Anklage erheben;* s. Einl. 13. — **probare:** *glaubhaft machen; beweisen.* Sinn: sie würden mit allen Anschuldigungen gegen Sthenius durchdringen. — **prōcrāstināre** *aufschieben.* — **educere:** *vor Gericht ziehen.* — **litteras publicas;** s. Sprache 6. — **agant; actio;** s. Sprache 6. — **Thermitanorum:** gen. poss. zu **sit.** Nach den geltenden Bestimmungen **(legibus)** war also die Stadt Thermae für das Verfahren wegen Urkundenfälschung, die innerhalb ihres Gebiets begangen worden war, selbst zuständig. — **mansissent,** insofern Thermae im 2. Punischen Kriege nicht auf Karthagos Seite getreten war. — **de sententia:** s. zu 32; s. auch EN Rupilius. — **in edicto.** Verres hatte demnach die bestehenden Rechtsverhältnisse in einem Edikt anerkannt[5]. — **ut de his ut** wiederholt das ut (hinter

[5] Die sogenannte lex Rupilia war ein Dekret, zwar ein vom Senat gebilligtes Dekret, aber kein Gesetz, daher nicht unbedingt bindend. Verres hätte das Recht gehabt, Bestimmungen der lex Rupilia, die ihm überholt oder undurchführbar erschienen, für die Dauer seiner Amtszeit durch Edikt zu ändern. Freilich hätte er damit einen Verstoß gegen die Tradition begangen, den viele Politiker in Rom mißbilligt hätten (s. zu 33, Ende).

postulat). — **se:** den Angeklagten und den Ankläger. — **ad leges,** also an das Gericht von Thermae. — **reicere:** *verweisen.*

91. cupiditas hier *Parteilichkeit.* — **cogniturum;** s. Sprache 6. — **paratum** (Sthenium). — **hora nona:** etwa 15 Uhr. Cicero will wohl andeuten, daß Verres die Verhandlung absichtlich auf den Nachmittag ansetzte, um durch die knappe Zeit (bis Sonnenuntergang!) zu einem schnellen Verfahren genötigt zu sein. — **mulier:** Kallidama. — **id agere:** *darauf ausgehen; die Absicht verfolgen.* — **id aetatis:** *so alt; bejahrt.* Wie man sagt: id aetatis esse (s. zu I 66), so kann id aetatis auch Attribut sein. — **virga** *Rute.* — **de sententia** hier *auf den Rat.* — **quam** wie quam ut. — **non vitare:** *über sich ergehen lassen.*

92. certus wird Verres genannt, weil er es mit dem Termin sehr genau nimmt, also *pünktlich.* — **praestō;** s. zu 21. — **citari;** s. zu 75. — **mānĕ** Adv. *in der Frühe.* — **sine adversario, apud inimicum iudicem:** zwei für den Ankläger günstige Faktoren! In Gegenwart des Angeklagten und vor einem unparteiischen Richter wäre die Situation **(causa)** für den Ankläger viel schwieriger gewesen.

93. tantum verbo ponere: *nur mit einem Wort feststellen; nur einen Satz vorbringen.* — **videri:** der übliche Ausdruck bei einem Beschluß oder einem gerichtlichen Urteil. — **homo Venerius:** *Venusmensch; Venusknecht.* So wird Verres genannt wegen seiner Sorge für die Einkünfte des Venustempels und wegen seiner Neigung zu Liebesabenteuern. — **novo exemplo,** weil eine solche Justiz beispiellos ist. — **sestertia quingenta;** s. Anhang 3. — **exacturum** (se esse). — **exigere:** *eintreiben; einziehen.* — **coepit:** *er schickte sich an.* — **tantulum:** *nur ein wenig.* — **mora est, quominus:** *es verzögert sich, daß.* Offenbar haben die Freunde des Sthenius die Summe sofort bezahlt, um einen Zwangsverkauf seines Eigentums zu verhindern.

94. tribūnal, -ālis n. *Erhöhung; Bühne,* auf der der Sessel des Richters und die Bänke oder Stühle der Beisitzer standen. Eine Aufforderung vom „Tribunal" aus hatte amtlichen Charakter. — **absentem.** Einen Abwesenden anzuklagen war in Rom nicht zulässig (s. Einl., Fußnote 22); in den Provinzen war es nicht ausdrücklich verboten, aber nicht üblich. — **rei capitalis;** s. zu 68. Verres hatte also die Absicht, einen zweiten „Fall Sthenius" zu konstruieren. — **nomen recepturum, nomen deferret;** s. Einl. 13. — **ad causam;** s. Sprache 6. — **clārē:** *laut; deutlich.* — **affinis** c. gen.: *verwickelt in.* — **hic tum:** verstärktes tum. — **levis:** *unbedeutend* und *leichtfertig.* — **iste** (pronuntiat). — **Syracusis:** Gerichtsort.

95. qui pervenisset = cum pervenisset. — **adverso tempore;** vgl. 91. — **omnia:** Wind und Wetter. — **mentionem facere:** *einen Vorschlag machen; beantragen.* — **statui;** s. Sprache 6. Davon hängt **placere**

ab. **placet** (senatui): *es ist die Meinung* (des Senats). — **patribus conscriptis;** s. zu AP 44. — **summa voluntas,** nämlich für den Vorschlag der Konsuln. — **iudicium fieri;** s. Sprache 6. — **ratus** hier *gültig.*

96. transigere: *abschließen; beenden.* — **id temporis est:** *es ist so spät.* — **dicendo.** Da die Redezeit nicht beschränkt war und traditionsgemäß nach Sonnenuntergang nicht mehr verhandelt werden durfte, konnten redefreudige Senatoren die Entscheidung hinausschieben. — **defensores:** nicht in juristischem Sinne. — **laborare de:** *sich bemühen um; sich Sorge machen um.*

97. non, d. h. *nicht weiter.* Der Senat wollte durch die Debatte über den Fall Sthenius vermutlich Verres eindringlich warnen, sah aber davon ab, durch einen Beschluß gegen Verres Stellung zu nehmen. — **domestici:** aus dem Hause seines Vaters. — **isti:** Dativ. — **etiam tum:** *zu dieser Zeit noch; immer noch.* — **in integro:** *noch unentschieden.* — **hic:** *da.* — **prae** *entsprechend; wegen.* Wir sagen: *in.* — **pietas:** die *Pflichten* gegen seinen Vater. — **rationem;** s. Sprache 6. — **voluntatem** (patris). — **mane;** s. zu 92.

98. non respondit, nämlich auf den Aufruf. — **adversārī** *sich entgegenstellen.*

99. in maleficio tenetur: *sein Verbrechen ist erwiesen.* — **non oporteret:** *es hätte nicht (geschehen) dürfen.* Das Verfahren konnte nach den herkömmlichen Rechtsgrundsätzen nur dann eröffnet werden, wenn ein Ankläger da war. „Wo kein Kläger, da ist auch kein Richter.“ — **itaque** = et ita. — **fecit** (Verres).

100. primis illis temporibus: *in der ersten Zeit nach dem Urteil.* — **pluribus verbis:** *ausführlicher,* als die jetzt eintreffenden Nachrichten waren. — **agitare** (statt des normalen agere) drückt aus, daß es bei der Verhandlung recht lebhaft zuging. — **edicto.** Die Volkstribunen hatten keine Befugnis, einen Menschen aus Rom auszuweisen. Das erwähnte Edikt besagte nur, daß sie es grundsätzlich ablehnten, zugunsten eines rechtskräftig verurteilten Verbrechers gegen den Ausweisungsbefehl der Konsuln zu interzedieren. — **hanc:** Subjekt des a. c. i. — **de sententia;** s. zu 32. **non videri** (s. zu 93) . . . **impediri.** Damit wollten die Volkstribunen ausdrücken, daß das Urteil gegen Sthenius nach ihrer Meinung nicht rechtsgültig sei.

101. aliquando; s. zu 1. — **vertere stĭlum** *den Griffel umkehren,* damit man mit dem hinteren, flachen Ende des Griffels den Wachsüberzug der Schreibtafel glätten kann; daher bildlich: *ändern; fälschen.* — **tabulis;** s. Sprache 6. — **evertere:** *umwerfen; zerstören.* Sinn: Durch die Fälschung gab Verres die Rechtswidrigkeit seines Verhaltens zu und verschlimmerte damit seine Lage. — **nihil reliqui fecit**; s. zu 86. — **mala et improba defensione**; s. zu 94, absentem. — **perfugium**: *Ausflucht; Ausrede.* — **imprudentem.** Wenn ein Richter sich mit seiner eigenen Unkenntnis dessen, was Recht ist, entschuldigt, so ist das eine mehr als „faule" Ausrede. Aber solche Versuche des Verres, meint Cicero, wären immer noch besser gewesen als eine Urkundenfälschung. — **dici,** nämlich zur Verteidigung. — **quod erat** (scriptum). — **facit:** scribit. — **cōram:** *in Anwesenheit* des Angeklagten. — **esse delatum** (nomen Sthenii).

102. lăquĕus *Strick; Schlinge.* — **induere** hier *verwickeln; verstricken.* — **de loco superiore,** also *amtlich;* s. zu 94, tribunal. — **in sermone:** *gesprächsweise.*

104. testātus *bezeugt; erwiesen.* — **pervulgāre** *öffentlich erklären.* — **cĕdŏ** *her damit! gib her!* (an einen Gerichtsschreiber gerichtet). — **cōdex,** -ĭcis m. *Klotz;* dann *Buch;* hier = tabulae[6]. — **coram;** s. zu 101. — **delatum** (nomen). — **litūra** *Verbesserung; radierte Stelle.* — **mendum** *Fehler.* — **in medio esse:** *zur Einsicht vorliegen.* — **interlĭnĕre,** -lēvī, -lĭtus *dazwischenschmieren;* hier *fälschen.*

105. etiam ironisch fragend: *noch?* — **expressus** *ausgeprägt; deutlich.* — **recentia.** *Frische* Spuren sind besser erkennbar als alte. — **mihi:** dat. ethicus.

110. crimen hier *begründete Anklage.*

112. estne. Wir sagen: *Ist es nicht . . .?* — **locus communis:** *öffentlicher Platz.* — **aēneus** *ehern; aus Bronze.* — **revellere** *wegreißen.* — **deportata est** (Romam). — **amplitudo:** *hochbedeutende Stellung.*

113. familiaritas et hospitium: *enge freundschaftliche Beziehungen.* — **invidiosus:** *gehässig.* — **arcesseretur** (in iudicium). — **statueret** hier = iudicaret. — **homine:** Sthenio. — **ex sacro:** *aus Tempel-*

---

[6] Wenn mehrere Schreibtafeln zusammengelegt wurden, so bildeten sie vereint einen „Klotz". Daher bekam codex die Bedeutung Schriftstück; Buch. Wachsüberzogene Schreibtafeln brauchte man zu Ciceros Zeit für den Schulunterricht, für Notizen, kurze Mitteilungen, aber nicht für umfangreichere Schriftstücke wie Listen, Protokolle, Rechnungsbücher und längere Briefe. Wörter wie tabulae und codex werden oft in übertragenem Sinn, also für Aufzeichnungen auf Papyrus, gebraucht, ebenso wie wir heute sagen „ankreiden", „etwas auf dem Kerbholz haben", ohne auch nur entfernt an die ursprüngliche Bedeutung dieser Ausdrücke zu denken. Vergleiche auch die bildliche Bedeutung von vertere stilum (101).

gut. — **de publico:** *aus öffentlichem Eigentum.* — **praeclara** (ornamenta).

114. ad eam rem: *zu diesem Zweck.* — **patronum:** beißende Ironie. — **furtorum;** s. zu 2. — **laedere** hier *anklagen.* Den gesuchten Ausdruck verwendet Cicero um der Alliteration willen: **legati laedant, legatio laudet.** Zu Ciceros Zeit wurde ae in der Hochsprache noch als Diphthong (wie deutsches ai) ausgesprochen. Das erste und dritte Wort beginnen mit lē-, das zweite und vierte mit l und folgendem a-Diphthong: eine Klangwirkung, die über die einer bloßen Alliteration weit hinausgeht. — Der Wortführer der Abordnung von Messana gab in Rom im Auftrage seiner Stadt eine Erklärung ab, die Verres entlasten sollte (s. Einl., Fußnote 16); in eigener Sache aber sagte er gegen Verres aus (vgl. IV 15 und 16). — **absolutus sis.** Direkt: si Verres absolutus erit, . . . eversi sumus (oder erimus). **eversi sumus:** *wir sind erledigt;* s. zu 101.

III.

(DE FRUMENTO)

Die umfangreichste Rede, die dritte, schildert, wie Verres die sizilische Landwirtschaft ausplünderte. Sie sucht nachzuweisen, daß Verres die landwirtschaftliche Ordnung weiter Bezirke zerstört, ja den Wohlstand der ganzen Insel zerrüttet habe.

Einleitung

1. iudicium; s. Sprache 6. — **tollere:** *auf sich nehmen; sich aufladen.* — **negotium:** *Aufgabe; Verpflichtung.* — **innocentia** oft *Korrektheit; Uneigennützigkeit.* — **continentia** *Selbstbeherrschung; Mäßigung.* — **rationem**; s. Sprache 6. — **vita:** *Lebenswandel.*

2. sibi sumere: *sich herausnehmen; sich anmaßen.* — **religio** (s. Sprache 6) **officii:** *heilige Verpflichtung.*

4. fūr, fūris *Dieb.* — **rapāx,** -ācis *Räuber.* — **accusaris:** si accusaveris. — **adduxeris** (in iudicium). — **asper:** *hart; schroff.* — **corruptor** *Verführer.* — **adulter,** -erī *Ehebrecher.* — **in vita** (tua). — **libīdō:** *Leidenschaft.* — **vindicare:** *vorgehen gegen; bestrafen.* — **obiūrgātor** *Tadler.* — **deprehenditur.** Die meisten Handschriften haben hier reprehenditur.

5. istius; s. zu AP 3. — **oris oculorumque.** Wir sagen: *in Miene und Blick.* — **pati:** *gelassen hinnehmen.* — **moleste ferre** hier *als Last empfinden.* — **quae fuerit** konzessiv. — **sua sponte:** *ganz von selbst.* — **nunc iam:** *von jetzt an.* — **meus** hier *von mir selbst aufgestellt.*

10. superior: *früher; bisherig.* — **nunc instituimus:** noch Kausalsatz. — **causam**; s. Sprache 6. — **antecellet**; das Futur vom Standpunkt der Richter, an die Cicero seine Worte richtet. — **iucunditas:** *Unterhaltung.* — **in agendo:** *in meiner Rede.* Längere Ausführungen über Getreidelieferungen sind an sich nicht besonders interessant. Aber Cicero weiß die vielseitigen Methoden, durch die Verres sich an den Getreidelieferungen bereichert hatte, so fesselnd darzustellen, daß bei Zuhörern oder Lesern keine Langeweile aufkommen kann. Ciceros Befürchtung, daß diese Rede wenig reizvoll sei, ist unbegründet. — **religioni**; s. Sprache 6.

11. fortunae: *Wohlstand.* — **arāre** *Ackerbau treiben.* — **vectīgālia,** -ium *Einkünfte.* — **cognituros**; s. Sprache 6. — **quae:** *diese Objekte; diese Gegenstände.* — **atque adeo:** *oder vielmehr.* — **quam . . . dicantur.** Der abhängige Fragesatz läßt sich nur frei wiedergeben, etwa durch *Abwechslung und Fülle des Ausdrucks.* — **praeterit me** *mir entgeht; mir ist unbekannt.* — **utilitas** und **opportunitas** ohne wesentlichen Unterschied. — **quae** (opportunitas) . . . **sit.** Der Konjunktiv hat einschränkende Bedeutung: *sofern sie; soweit sie.* — **adiuvamur,** nämlich nur durchschnittlich. — **sustinere** hier *am Leben erhalten.*

12. tripertītus *in drei Teile geteilt.* — **decumānum frūmentum:** *Zehntgetreide,* d. i. der zehnte Teil der Getreideernte. — **aestimato;** s. zu 188.

Willkür des Verres bei der Eintreibung des Getreidezehnten

ratione; s. Sprache 6. — **interest** *es besteht ein Unterschied.* — **stipendium** *Tribut; Steuer.* **vectīgal stipendiarium:** *regelmäßig zu zahlende Steuer.* — **Poenorum:** civitatum Africae. — **locātiō** *Verpachtung.* — **censoria locatio:** die *Verpachtung* der Steuern einer Provinz *durch die Zensoren.* — **fidem**; s. Sprache 6. — **fuissent, paruissent:** Angleichung des Modus. — **suis:** *ihren eigenen Herrschern.* Vor dem 1. Punischen Kriege war nur Syrakus ein selbständiges Königreich, das übrige Sizilien war karthagischer Besitz. Daher ist **suis** wenig zutreffend.

13. ager pūblicus *Staatsland.* — **illis:** den Bewohnern der betreffenden Gemeinden. — **locare:** *verpachten.* — **foederātus** *verbündet.* — **duae** nicht richtig. Auch die Gemeinde Netum war civitas foederata (vgl. V 133), doch war ihre Stellung, wie es scheint, nicht ganz so günstig wie die der beiden genannten Städte. — **decŭma** *der Zehnte* der Getreideernte. — **vēnīre** *verkauft werden;* auch *verpachtet werden.* — **immūnis** *frei von Abgaben.* — **decumānus** *zehntpflichtig.*

Nach dem rechtlichen Verhältnis der sizilischen Gemeinden zu Rom sind also vier Gruppen zu unterscheiden:

a) civitates foederātae: Gemeinden, die schon in alten Zeiten ein Bündnis mit Rom geschlossen hatten. Sie galten als Verbündete Roms und waren — abgesehen davon, daß sie keine eigene Außenpolitik treiben konnten — selbständig; doch wurden ihre Rechte von den römischen Statthaltern nicht immer geachtet. Von Abgaben waren sie frei, sie mußten aber auf Anordnung Roms

Hilfstruppen und Schiffe stellen, auch hatten sie durchreisende römische Beamte aufzunehmen und zu verpflegen. Gemeinden dieser Art gab es in Sizilien nur drei.

b) civitates immūnēs ac līberae: Gemeinden, die im wesentlichen dieselben Rechte und Pflichten hatten wie die civitates foederatae. Auch sie galten, da sie ja „frei" waren, als Verbündete Roms. Ihre Selbständigkeit beruhte aber nicht auf einem Bündnis, sondern sie war ihnen nach der Unterwerfung als Gnadengeschenk Roms zuerkannt worden. Gemeinden dieser Art gab es in Sizilien fünf.

c) civitates decumānae: unterworfene Gemeinden, denen Rom ihren Grund und Boden als freies Eigentum gelassen hatte. Doch lag auf dem Ackerland eine besondere Steuer, der Getreidezehnte **(decuma)**. Jeder Landwirt, der Ackerland dieser Gemeinden bewirtschaftete, ob Eigentümer oder Pächter, ob Sizilier oder römischer Bürger, mußte ein Zehntel seiner Ernte ohne Vergütung abliefern. Die Einziehung des Getreidezehnten überließ Rom privaten Unternehmern. Während aber die normalen Steuern der Provinzen von den Zensoren in Rom verpachtet wurden, und zwar gegen Barzahlung, wurde die Verpachtung der sizilischen Dekuma alljährlich in Syrakus vorgenommen. Die Zehntpächter **(decumānī)**, wohlhabende Römer, pachteten die Dekuma nicht für Geld, sondern sie übernahmen die Verpflichtung, eine bestimmte Menge Getreide umsonst nach Rom zu liefern. Dafür erhielten sie das Recht, von dem Ackerland der ihnen zugewiesenen Gemeinden den zehnten Teil des Getreideertrages zu erheben. Da der Zehntpächter das Getreide von den Höfen holen und transportieren lassen mußte, erforderte die Erhebung der Dekuma viel Personal und war mit bedeutenden Kosten verbunden. Trotzdem muß das Geschäft der Zehnterhebung sehr lohnend gewesen sein. Die nach Rom zu liefernde Getreidemenge war natürlich viel geringer bemessen als der durchschnittliche Ertrag der Dekuma. Daß die Zehntpächter außerdem die Landwirte zu übervorteilen und möglichst viel Getreide herauszupressen suchten, ist bei der Art der römischen Provinzverwaltung fast selbstverständlich. Die Zahl der zehntpflichtigen Gemeinden in Sizilien betrug mehr als dreißig.

d) civitates cēnsōriae: unterworfene Gemeinden, deren Grund und Boden römisches Staatsland **(ager pūblicus)** war. — Seit alten Zeiten pflegte Rom das Land unterworfener Völker, soweit es zum Staatsland erklärt wurde, an römische Bürger zu verpachten. In Sizilien hatte man, wie Cicero sagt, eine Ausnahme gemacht und das Staatsland den früheren Eigentümern „zurückgegeben". Die Landwirte mußten aber für das „zurückgegebene" Land Pacht bezahlen und außerdem von den Erträgen Steuern entrichten. Wahrscheinlich waren sie insgesamt mit viel größeren

Abgaben belastet als die Landwirte der zehntpflichtigen Gemeinden. Soweit wir wissen, hat es etwa zwanzig civitates censoriae in Sizilien gegeben, unter ihnen Syrakus und Lilybaeum. Wenn Cicero behauptet, es seien nur sehr wenige **(perpaucae)**, so hat er dafür seine Gründe. Er will Roms Großmut hervorheben und stellt deshalb die Sache so dar, als hätten die Römer nur einen ganz kleinen Teil Siziliens zu römischem Staatsland gemacht. Hinzu kommt ein zweiter Grund. Die Besteuerung der civitates censoriae unterstand nicht dem Statthalter, sondern den Zensoren in Rom **(is ager a censoribus locari solet)**, und daher wird Verres keine rechte Möglichkeit gehabt haben, die Landwirte dieser Gemeinden willkürlich auszubeuten. Cicero hat ihm offenbar größere Übergriffe in dieser Beziehung nicht nachweisen können. Wohl aber hatte Cicero Material in der Hand, aus dem hervorging, daß die Wirtschaft der zehntpflichtigen Gemeinden unter der Habgier des Verres schwer gelitten hatte. Also rückte er in seinen Ausführungen die zehntpflichtigen Gemeinden in den Vordergrund und suchte die Vorstellung zu erwecken, als seien — abgesehen von ein paar freien Städten und den angeblich „sehr wenigen" Staatsland-Gemeinden — alle Gemeinden Siziliens zehntpflichtig. Der Leser soll eben die Überzeugung gewinnen, daß Verres die gesamte sizilische Landwirtschaft ruiniert habe.

14. **retinere:** *erhalten.* — **vēnditiō** *Verkauf;* auch *Verpachtung.* — **vēndere** oft *verpachten.* — **in re interesse** *an einer Sache beteiligt sein.* — **non modo** (vor folgendem **ne . . . quidem**) für non modo non. — **commovere:** *beunruhigen.*

15. **munus:** die *Pflicht*, den Zehnten abzuliefern. — **commutato imperio** temporal und konzessiv. — **verum** oft = sed. — **condicio:** *Verhältnis.* — **societatis;** s. zu D 37, sociorum. Gerade hier, wo von der Dekuma die Rede ist, erscheint das Wort societas wenig angebracht, denn die Einwohner der zehntpflichtigen Gemeinden waren Untertanen, nicht Verbündete Roms! — **convellĕre,** -vellī, -vulsus *erschüttern.*

20. **atque adeo;** s. zu 11. — **acutus:** *genau.* — **custodiae:** *Beaufsichtigung.* — **arātor** *Bauer; Landwirt.* — **decumānus** *Zehntpächter.* — **tradere:** *in die Hand geben.* — **area** *Tenne*, der zum Dreschen bestimmte freie Platz. — **horreum** *Speicher; Scheune.* — **amovere** geht auf das Einbringen der Ernte (vom Feld zur Scheune), **exportare** vermutlich auf den Transport nach auswärts (zum Verkauf). — **grānum** das einzelne *Korn.* — **fraudāre** *betrügen.* — **qui . . . non haberet,** der also darauf angewiesen war, die Dekuma bis zum letzten Korn herauszuholen. — **ut Siculum** (scripsisse appareat), also ein Kenner der Verhältnisse. — **expĕdit:** *es ist vorteilhaft; es ist lohnend.* — **constituere:** *festlegen; abgrenzen.* — **tamen,** obwohl die Rechte des Zehntpächters groß waren. Cicero bemüht sich, glaubhaft zu machen, daß die zehntpflichtigen Landwirte in der Zeit vor Verres mit ihrer Lage recht zufrieden sein konnten (vgl. auch **ipsorum Siculorum voluntate** 13, Ende). Man hört aber doch deutlich heraus, daß die lex Hieronica sehr streng war. Sie war eben das Gesetz eines Königs!

21. Verres . . . inventus est. Sinn: Nach einem so langen Zeitraum (in dem dieses System gut funktionierte) mußte ein Verres kommen. — **saeculis:** Übertreibung. Beim Amtsantritt des Verres waren seit Hierons Tod erst 142 Jahre vergangen. — **evertere** *umstürzen; zerstören.* — **sociorum;** s. zu 15, societatis. — **quaestus;** s. Sprache 6. — **primum.** Ein „zweitens" folgt nicht. — **nomine:** *nur dem Namen nach.* — **vexare:** *zerrütten.* — **innocentia;** s. zu 1.

22. vocabantur, nicht erant! — **quem videtis.** Der Leser soll sich vorstellen, daß Apronius anwesend sei. — **gravissimus:** *sehr ernst zu nehmen.* — **hic:** in iudicio. — **spiritūs:** *Anmaßung; Übermut.* — **Sicilienses:** *in Sizilien.* — **recordari:** *sich vorstellen.* — **nēquam** (undeklinierbar) *nichtsnutzig;* Superlativ **nēquissimus.** — **secum ducere:** *in seinem Gefolge haben.* — **non parum multi:** *ziemlich viele.* — **nēquĭtia** *Nichtsnutzigkeit; Verdorbenheit.* — **res** (Sing.): *Interessen.* — **studia:** *Neigungen.*

24. fortunas; s. zu 11. — **socios.** In einzelnen Fällen konnten wirkliche socii (selbst *römische Bürger*) der Willkür des Apronius ausgesetzt sein, wenn sie nämlich Ackerland zehntpflichtiger Gemeinden besaßen oder gepachtet hatten; s. zu 13 (c). — **traditos:** s. zu 20. — **addicere:** *preisgeben.*

25. primum, weil dem Edikt noch weitere dieser Art gefolgt sind. — **decumanus;** s. zu 20. — **edere:** *bekanntgeben.* — **quid est hoc?:** *was hat das zu bedeuten?* oder *was ist das für eine Bestimmung?* — **„Ego tantum dem . . .?"** Cicero versetzt sich in die Lage eines sizilischen Bauers, der sich über das Edikt beklagt. — **exarāre:** *herauswirtschaften; ernten.* — Die zynische Antwort, die Cicero dem Verres in den Mund legt, lautet: **quid omne?:** *wieso alles?* oder *was heißt schon alles?* — **plus immo etiam:** *o nein, noch mehr!* — **inquit** (Verres). Hier sind im lateinischen Text infolge eines Versehens einige Zeichen ausgefallen: „si volet!" gehört noch zu der Antwort des Verres (daher Anführungszeichen). Darauf fragt der Bauer: „Quid tum? Quid censes?" Die Antwort: „Aut dabis . . . damnabere." — **si volet** (ille). — **quid tum?:** *und was dann?* — **veri . . . est.** Wir sagen: *man sollte es ja nicht für möglich halten.*

26. convenit in hominem: *es paßt zu einem Menschen; es ist einem Menschen zuzutrauen.* — **tabulis;** s. Sprache 6. — **recitāre:** *vorlesen.* — **da,** an einen Gerichtsdiener gerichtet. — **codice;** s. zu II 104 und Fußnote 6. — **prŏfessiō** *Erklärung.* Vor der Zeit des Verres mußten die Behörden der zehntpflichtigen Gemeinden in jedem Jahre dem Statthalter die Zahl der Grundbesitzer melden. Ob auch der einzelne Bauer Angaben über die Größe seines Besitzes machen mußte, steht nicht fest. Jedenfalls hatten die Zehntpächter keine genaue Übersicht über die voraussichtliche Höhe des Ertrages, und daher mußten sie sehr zurückhaltend sein, wenn sie sich zu bestimmten Getreidelieferungen für Rom verpflichteten. Sonst hätten sie selbst schweren Schaden erleiden können. Ciceros Behauptung, die lex Hieronica habe den Getreidezehnten bis aufs letzte Korn erfaßt, darf man wohl kaum wörtlich nehmen. Es wäre doch sonderbar, wenn die sizilischen Bauern nicht auf den Gedanken gekommen wären, einen Teil der Ernte rechtzeitig verschwinden zu lassen und dann den angeblich schlechten Ausfall der Ernte mit ungünstiger Witterung zu begründen. Das Edikt des Verres **de professione** bestimmte, daß jeder zehntpflichtige Landwirt alljährlich eine *Erklärung* über die Größe seines Ackerlandes und über die Aussaat abgeben müsse. Auf falsche Erklärungen standen schwere Strafen. Auf Grund dieser Angaben konnten die Zehntpächter ziemlich genau überschlagen, wieviel die Dekuma einbringen werde, und daher ohne Risiko die Verpflichtung zu großen Getreidelieferungen für Rom übernehmen. Das Edikt des Verres, das Cicero als Störung der bisherigen Ordnung hinstellen möchte, war an sich gar nicht unvernünftig. Den Bauern ließ es allerdings wenig Freiheit (zumal Entschuldigungen wegen schlechter Ernte bei Verres sicher kein Gehör fanden), es hätte aber die Versorgung Roms verbessern können, wenn Verres es in ehrlicher Absicht erlassen hätte. Dadurch, daß Verres die Zehntpächter ermächtigte, so viel Getreide zu beschlagnahmen, wie sie für richtig hielten, enthüllte er seine wahren Absichten. Die Zehntpächter, die jetzt in der Lage waren, das Doppelte und Dreifache dessen zu nehmen, was ihnen zustand, mußten natürlich einen großen Teil ihrer Gewinne an Verres abliefern als Entgelt dafür, daß er ihnen freie Hand ließ. — **negat** (Verres). — **recitare** hier *vorlesen lassen.* — **an** (s. zu D 52). Sinn: *Meinst du etwas anderes oder . . .?* Wir übersetzen **an** mit *doch wohl; vermutlich.* — **cavere:** *Sicherheit geben.* — **in octŭplum iudicium dare:** *eine Klage auf achtfache Geldbuße zulassen.* Gemeint ist, daß der betrügerische Zehntpächter, wenn er überführt wurde, das Achtfache seines unrechtmäßigen Gewinns als Entschädigung bezahlen sollte. — **ut persequatur?:** *er soll (gerichtlich) verfolgen?* **ut** in entrüsteten Fragen ist unübersetzbar. Es erklärt sich als Indefinitum: *irgendwie.* Nach anderer Auffassung ist es final nach einem zu ergänzenden Ausdruck wie „du verlangst wirklich . . .?" — **miserum:** *eine beklagenswerte Zumutung!* — **in forum:** in iudicium. — **subsellia,** -ōrum *Bänke,* auf denen die Beisitzer saßen; s. Sprache 4a.

27. quae vectigalia sunt: soweit es nämlich (in Italien) steuerpflichtige Gebiete gibt. In Italien lasteten Abgaben auf dem ager publicus, der an Bürger verpachtet war. — **rebus:** vectigalibus. — **pūblicānus** *Steuerpächter.* — **petītor:** *Kläger.* — **pīgnerātor** *Pfandnehmer.* — **genus:** *Klasse; Stand.* — Ein Steuerpächter durfte gegen einen säumigen Steuerpflichtigen klagen oder — in bestimmten Fällen — von dessen Eigentum so viel pfänden, wie die Steuerschuld betrug. Die gepfändeten Gegenstände blieben aber Eigentum des Steuerpflichtigen. Dieselben Grundsätze galten vor der Zeit des Verres offenbar auch für das Verhältnis zwischen Zehntpächtern und Zehntpflichtigen. Verres aber gab den Zehntpächtern das Recht, dem Bauer, der zu wenig Getreide ablieferte (nach Ansicht des Zehntpächters!), eine beliebige Menge Getreide wegzunehmen **(ereptor)** und diesen Raub als seinen „Besitz" zu betrachten. — **petere:** *klagen*, nämlich gegen den Landwirt. — **repetere:** *auf Rückgabe klagen.* — **iudicium fieri;** s. Sprache 6. — **integra re.** Sinn: solange das Streitobjekt (das Getreide) noch im Besitz des Landwirts ist. — **quaerere:** *erwerben; erarbeiten.* — **licērī,** -ceor, -citus sum *bieten* (bei der Vergebung der Zehntpacht). Wer ein Gebot machte, hob den Finger. — **possidēre,** nämlich das Streitobjekt. — **quid?** s. zu D 45. — **singulis iugis:** *mit einem einzigen Gespann.* — **qui . . . non recedunt,** d. h. fleißige Leute, die den ganzen Tag arbeiten. — **arātiō** *Ackerbau;* auch *Acker.* — — **te praetore:** *unter deinem Vorsitz.* — **vidēlicet** Adv. *natürlich.* — **aequo iure** ironisch. — **dēliciae,** -ārum *Wonne; Freude;* als Kosewort *Liebling; Schoßkind.* — **iūdicium recuperātōrium** *Klage auf Wiedererstattung.* **recuperātōrēs:** Richterkollegium aus drei oder fünf Richtern, das über Eigentumsstreitigkeiten, besonders über Entschädigungen, entschied. In einer Provinz stand es dem Statthalter frei, die Rekuperatoren — die römische Bürger sein sollten — zu bestimmen oder sie aus einer von ihm aufgestellten Liste wählen zu lassen.

29. asportāre *wegschaffen.* — **reperietur:** *wird sich nachweisen lassen.* Gemeint ist, daß es eben unter Verres keinen Prozeß dieser Art gegeben habe.

30. quid est hoc? s. zu 25. — **fortis:** *energisch.* — **nequissimo;** s. zu 22. — **octupli;** s. zu 26. — **commissus** hier *verwirkt; verdient.* — **discessuros** (esse), nämlich ohne jeden Erfolg. — **quod esset iudicium?:** *was wäre das für ein Gericht gewesen?* — **comitatus:** cohors praetoria; s. zu II 17. — **assidēre:** *Beisitzer sein.* — **assecŭla,** -ae m. *Anhänger*; verächtlich: *Handlanger.* — Das Edikt **de iudicio in octuplum** war nach Cicero ein Hohn auf alle Gerechtigkeit. Gerichtsort des Rekuperatorengerichts war Syrakus, und der Bauer, dem von dem Zehntpächter ein Teil der Ernte weggenommen worden war, hätte also nach Syrakus reisen und dort klagen müssen. Vor Gericht hätte er nachweisen müssen, daß er dem Zehntpächter gegenüber den zehnten Teil seiner Ernte richtig angegeben habe. Diesen Nachweis zu führen war aber unmöglich, wenn der Zehntpächter bereits eine Menge Getreide (die sicher nicht klein war!) beschlagnahmt und weggeschafft hatte. Da zudem die Rekuperatoren von Verres ihre Weisungen erhielten, war jeder Erfolg von vornherein ausgeschlossen. — Beachte die Mittel, mit denen Cicero Stimmung zu machen sucht: Erst bedenkt er die sizilischen Landwirte mit ehrenden Superlativen; er beklagt die armen Ein-Gespann-Bauern, die so völlig rechtlos den Zugriffen des Apronius ausgeliefert waren. Ein solcher Appell an das Mitleid der Richter würde, wenn die Rede tatsächlich gehalten worden wäre, seine Wirkung nicht verfehlt haben. Dann führt Cicero römische Ritter an, und das ist ein besonders starker Trumpf! Wenn selbst römische Ritter (die ja zehntpflichtiges Land besitzen konnten; s. zu 24) einen Prozeß gegen Apronius für aussichtslos hielten, müssen die Verhältnisse ganz schlimm gewesen sein.

42. duas (decumas). — **defungī** c. abl. *davonkommen mit.* — **fūrtum** *Diebstahl;* überhaupt *Vergehen gegen fremdes Eigentum.* — **importūnitās** *Rücksichtslosigkeit; Unverschämtheit.* — **intersit;** s. zu 12. — **tempora:** *Verhältnisse; Lage.* — **altera decuma,** nämlich außer dem normalen Zehnten. — **exigere:** *einfordern.* — **auferri,** nämlich ohne Vergütung.

43. expediret; s. zu 20. — **effecisti** und **assecutus es** ohne wesentlichen Bedeutungsunterschied; s. Sprache 4a. — **populo Romano** ironisch. — **arationes;** s. zu 27.

46. mĕhercŭlĕ: *bei Hercules!* verblaßt zu *wahrhaftig!* — **sensus:** *Eindruck.*

47. quadriennio post. Cicero war 75 Quästor in Sizilien gewesen; im Jahre 70 sammelte er Material gegen Verres. — **quos vidissem** adversativ. — **nĭtĭdus** *glänzend;* hier *lieblich; schmuck.* — **iugorum.** Die meisten Handschriften haben hier iugerum; s. zu 56. — **cum vidisses** iterativ: Angleichung des Modus. — **obserere** *besäen.* — **annōna** *Jahresertrag*, auch *Marktpreis des Getreides.* — **caritas:** *Teuerung; hoher Stand des Preises.* — **horridus:** *verwildert.* — **superior:** *der vorletzte.* — **proximus:** *der letzte.* — **funditus** Adv. *von Grund aus.* — **everterat;** s. zu 21.

53. exprōmere *hervorholen;* auch *darlegen.* — **infinitum est:** *es würde kein Ende nehmen.*

56. iūgerum, -ī (Plur. -gera, -gerum) *Morgen,* als Flächenmaß etwa der dritte Teil eines Hektars. — **medimnum:** der *griechische Scheffel* (ὁ μέδιμνος) = 6 modii. Der **modius,** der *römische*

Scheffel, faßte etwa 8,7 Liter. Die angegebene Getreidemenge wird ein Mehrfaches des Zehnten betragen haben. — **in ius:** *vor Gericht.* Das Verfahren in iure war nicht das eigentliche Gerichtsverfahren (in iudicio), sondern nur die Vorbereitung dazu; der Gerichtsherr setzte die Prozeßformel (s. zu 69, quae in verba) fest und traf die nötigen Anordnungen zur Bildung des Gerichtshofes. — **etiam** temporal: *noch.* — **cubiculum** *Schlafgemach.* Eine Amtshandlung im Schlafzimmer vorzunehmen war ein schwerer Verstoß gegen die gute Sitte. — **mulieri,** nicht uxori. — **pūgnus** *Faust;* auch *Fausthieb.* — **calx,** calcis *f. Ferse;* auch *Fußtritt.* — **qui noluisset** adversativ. — **dēcīdere** c. abl. pretii: *sich* (geschäftlich) *einigen auf; sich einverstanden erklären mit.* — **domi:** *im Wohnort.* — **tantum:** *nur so viel.* — **malum:** *Quälerei.* — **plāga** *Schlag.* — **deberet, cogeretur:** Angleichung des Modus.

57. cōnsors *Teilhaber.* Die Brüder besaßen ihr Land gemeinsam. — **homines:** das Personal des Apronius. — **arationes;** s. zu 27. — **instrumentum:** *Gerätschaften.* — **familia:** *Personal.* — **oleaster,** -strī *wilder Ölbaum.* — **sociorum urbe;** s. zu D 37. Centuripae war eine civitas immunis ac libera, Aetna aber nicht. Man muß annehmen, daß die drei Brüder wie auch Eubulidas Ackerland im Bereich einer zehntpflichtigen Gemeinde besaßen.

67. summus arator: ein Bauer mit sehr großem Besitz. — **emere** oft *pachten.* — **apparitoribus;** s. zu II 17. — **vis ac minae,** durch die **apparitores** verkörpert. Der Text ist an dieser Stelle nicht einwandfrei überliefert. — **ut discederet.** Sinn: Dann wolle er sie in Ruhe lassen. Apronius hatte vermutlich die Absicht, der Gemeindeverwaltung für die Zahlung der Summe die Zehntpacht zu überlassen. Die Gemeinde hätte dann den Zehnten von ihren Bauern erheben und die für Rom bestimmte Getreidemenge abliefern müssen, während Apronius die Summe ohne jede Mühe einstecken konnte. — **negotii nihil habere:** *keine Mühe* (*keine Scherereien*) *haben.* — **occupare,** insofern er mit seinem Personal die Gemeinde „*besetzt*". — **non contemnendus:** *nicht zu unterschätzen;* d. h. *nicht gerade nachgiebig.* — **fortes;** s. zu 30. — **frūgī** (undeklinierbar) *ordentlich; tüchtig.* — **sōbrius** *nüchtern; verständig.*

68. magno, d. h. bei der Zehntpacht: mit der Verpflichtung, eine große Menge Getreide nach Rom zu liefern. Voraussetzung dazu war, daß Apronius den Zehnten für die Bauern von Agyrium recht hoch angesetzt hatte. Entsprechend hoch war die Summe, die er von der Gemeinde verlangte. Wenn die Gemeindeverwaltung das Geld bezahlte, hätte sie, um keine Verluste zu haben, die Bauern von Agyrium ebenso rücksichtslos ausplündern müssen, wie es die Zehntpächter zu tun pflegten. — **cūius** 3 *wem gehörend.* **cuia res erat:** *den die Sache anging.* Verres war natürlich an dem

Gewinn beteiligt; andernfalls hätte er das Vorgehen des Apronius nicht gebilligt. — **accītus,** -ūs *Vorladung.* Verres konstruierte also aus der Weigerung der Gemeinde eine „Staatsaktion". — **praestō** Adv. *zur Stelle.* — **quid?:** *wieso? inwiefern?* — **recuperatores;** s. zu 27. — **formīdō,** -inis *f. Furcht; Schrecken;* hier mehr *Schreckmittel* (**inicere** etwa *anwenden gegen*). — **illam suam:** *sein bekanntes.* — **cohorte** (praetoria); s. zu II 17. — **dare:** *bestimmen.*

69. ingerere: *aufnötigen.* Das nach römischer Auffassung selbstverständliche Recht, Richter abzulehnen, wurde den Angeklagten wohl nicht eingeräumt. — **civis Romanus nemo,** also kein Bürger im normalen Sinne; vielmehr waren alle Freigelassene. — **sacrĭlĕgus** *Tempelschänder;* verallgemeinert: *Gauner; Verbrecher.* — **improbi.** Wir ergänzen: *bekannt als.* — **repente Cornelii.** Aus dieser Stelle kann man schließen, daß Verres selbst den genannten Männern plötzlich das Recht verliehen habe, den Namen Cornelius zu führen. Man muß aber bei Cicero mit Übertreibungen und Verallgemeinerungen rechnen; s. zu der Frage Einl. 10, Fußnote 15. — **afferre:** *vorbringen.* — **perfacile:** *sehr bereitwillig.* — **cum . . . invidia infamiaque.** Sinn: Eine Verurteilung der Angeklagten würde die feindliche Stimmung der Bevölkerung gegen Verres steigern und seinen ohnehin nicht guten Ruf noch verschlechtern. — **eius:** Apronii. — **quae in verba:** *auf was für eine Formel.* Der Gerichtsherr setzte die „Prozeßformel" fest, d. h. er formulierte die Frage, die die Richter zu beantworten hatten. Im vorliegenden Falle lautete die Formel (in einen Konditionalsatz gekleidet): *Haben die Angeklagten sich gegen ein Edikt vergangen?* Das Gericht hatte nur diese Frage zu beantworten, nicht aber zu Fragen der Zehnterhebung und zu den Schikanen des Apronius Stellung zu nehmen. Bei dieser Formulierung und bei der Zusammensetzung des Gerichts war die Antwort nicht zweifelhaft. — **fecisse** (eos). — **qua in re:** *in diesem Sinne.* — **dicturum esse** (Apronium). — **verba:** *Prozeßformel.* — **cōnflīctārī:** *um das Recht kämpfen.* — **decīdere aliquid:** *irgendein Abkommen treffen;* vgl. 56. — **submittere** hier *unauffällig schicken.* — **transigere** hier *sich gütlich einigen.* — **pernegāre** *unbedingt ablehnen.* — **quid ergo?:** *was erwartet ihr dann?* — **in singulos damnare:** *jeden einzelnen verurteilen.* — **sestertium;** s. Anhang 3. — **clāvī** *laut.* — **virga** *Rute.* Die Drohung bedeutete, da kein Kapitalverbrechen vorlag, einen Rechtsbruch schlimmster Art. — **hic** wie **tum.** — Ciceros Darstellung ist einseitig. Wahrscheinlich haben andere Zehntpächter es ähnlich getrieben wie Apronius. Ferner wurden in Sizilien außer der Dekuma noch andere Steuern erhoben wie z. B. Weidesteuern und Hafenzölle. Die Einziehung dieser Steuern lag in Sizilien wie überall in den Händen von Steuerpächtern, und die Methoden der Steuerpächter werden in Sizilien dieselben gewesen sein wie in anderen Provinzen (s. Einl. 6). Natürlich wußte Cicero genau, wie es damit stand (s. Einl.7 und Fußnote 10), aber er wollte offenbar den Ritterstand, dem ja die Steuerpächter und wohl auch die Zehntpächter angehörten, nicht bloßstellen. Nur Apronius war für ihn der „Sündenbock", und das ist verständlich. Apronius war derart in die dunklen Geschäfte des Verres verstrickt, daß man ihn nicht schonen konnte, wenn man die Erpressungen, Betrügereien und sonstigen Vergehen des Verres aufdecken wollte.

Die Methoden des Verres beim Kauf von Getreide für die Versorgung Roms

163. furto; s. zu 42. — **unum** (genus). Oft wies der Senat den Statthalter von Sizilien an, von den zehntpflichtigen Gemeinden außer dem Zehnten zusätzlich einen Zehnten (einen „zweiten Zehnten") gegen Bezahlung zu erheben. Dieser Ankauf von Getreide war Sache des Statthalters. Die Zehntpächter hatten nichts damit zu tun. — **alterum** (genus). War der Bedarf Roms noch größer, wurde außerdem **(praeterea)** den sizilischen Gemeinden eine weitere Getreidelieferung auferlegt **(distributum)**, ebenfalls gegen Bezahlung, und zwar nicht nur den zehntpflichtigen Gemeinden, sondern allen ohne Unterschied. — **decumani** (frumenti). — **tantum** (emere debuit Verres). — **prima decuma:** die Dekuma, die als Steuer eingezogen wurde. — **imperati** (frumenti): quod praeterea ... esset distributum. — **trīticum** *Weizen.* — **mŏdius** (Gen. Plur. modium) der römische *Scheffel*, etwa 8,7 Liter. — **decumano:** Dativ. — **sestertii terni.** Zu den Preisangaben und Summen s. Anhang 2 und 4. — **decernere:** *zuerkennen; anweisen.* — **per triennium.** Gemeint ist: für jedes Jahr dieses Zeitraums. — **erogare** *ausgeben.*

164. lacerāre *zerfetzen;* hier *verschleudern.* — **probare:** *beweisen.* — **avertere** *beiseite schaffen.*

165. ponere: *anlegen* (Geld). — **societates:** Handelsgesellschaften oder Gesellschaften von Steuerpächtern, die meist gleichzeitig Bankgeschäfte betrieben. — **attribuere:** *anweisen; zur Verfügung stellen.* — **centesima** (pars): *ein Prozent.* — **fēnerārī** *ausleihen* gegen Zinsen. Verres hat also die von der Staatskasse angewiesenen Gelder nicht abgehoben, sondern bei den Handelsgesellschaften für seine eigene Rechnung gegen 2% Zinsen stehen lassen. Die Zinsen wurden monatlich berechnet, die Jahreszinsen betrugen im Falle Verres also 24 Prozent. Das war das Doppelte des sonst in den Provinzen üblichen Zinsfußes. — **commodus** *bequem; genehm.*

170. ornatus: *angesehen.* — **officia:** *Pflichtgefühl.* — **tritici modium**; s. zu 163. — **pro:** *anstatt.* — **de publico:** *aus der Staatskasse.* — **nummos:** pecuniam. — **senatus:** *Gemeinderat.* — **causa:**

Auftrag. — **frater** gelegentlich für *Vetter.* Hier ist L. Tullius Cicero gemeint, der seinen Vetter Marcus auf der Reise durch Sizilien begleitet hatte.

171. decumarum nomine: *als Zehnter.* Natürlich ist der „zweite Zehnte" gemeint, da hier ja nur von gekauftem Getreide die Rede ist. Übrigens unterscheidet Cicero in diesen Abschnitten nicht scharf zwischen den in 163 genannten beiden Arten des Getreidekaufs (decumanum und imperatum)[7]. — **pĕnĕs** c. acc. *bei.* — **redigere** hier *einliefern; abliefern.* Das gekaufte Getreide mußte an den vom Statthalter bestimmten Orten abgeliefert werden, während der eigentliche Zehnte (der „erste Zehnte") von den Zehntpächtern auf den Höfen abgeholt wurde. — **improbare:** *für schlecht erklären.* Verres wies also den angeblich schlechten Weizen zurück und legte dafür den Gemeinden eine Geldbuße auf, deren Höhe dem Wert des Weizens entsprach. Von den Geldbußen **(de suo quaestu)** kaufte Verres anderswo Getreide, natürlich zu billigen Preisen, dazu nahm er Getreide aus seinen eigenen Beständen (**de sua copia;** s. zu 188), das ihn nichts gekostet hatte. So konnte er die vorgeschriebene Getreidemenge nach Rom liefern und noch einen erheblichen Gewinn erzielen. Die gesamten von der Staatskasse angewiesenen Millionenbeträge hat Verres nach Ciceros Darstellung unterschlagen. — **rationes, litteras;** s. Sprache 6. — **granum;** s. zu 20. Gemeint sind wohl die Getreidemengen, die Halaesa in jedem der drei Jahre der Statthalterschaft des Verres zu liefern hatte. — **genus praedae:** *Art, sich zu bereichern.* — **vendat,** indem er den gelieferten, von ihm aber nicht bezahlten Weizen den Siziliern gegen Bezahlung zurückgibt. — **avertat;** s. zu 164.

172. quid?: *wieso? weshalb?* — **ipse quod mittis?** Sinn: Wie steht es denn mit dem Getreide, das du selbst nach Rom schickst? — **pecūliāris** *eigen; besonder.* — **hoc intellegit:** *er versteht darunter; er will damit sagen.* — **tibi:** dat. auctoris. — **manceps, -cĭpis** *Pächter;* hier *Zehntpächter.* Mit **decumis** ist hier also der „erste Zehnte" gemeint. — **horreo;** s. zu 20.

173. medimna; s. zu 56. — **quini deni** *je fünfzehn.* Verres ließ sich demnach für jeden modius des „verdorbenen" Getreides zweieinhalb Sesterze als Geldbuße bezahlen, d. h. den damaligen Höchstpreis des Weizens. — **ratio** hier *Sinn,* im Gegensatz zu **amentia:** *Was hat das eigentlich für einen Sinn, oder was ist das*

[7] Die Gemeinde Halaesa, von der hier die Rede ist, war eine civitas immunis ac libera. Man sollte also annehmen, daß Halaesa nicht zur Lieferung des „zweiten Zehnten" herangezogen werden konnte, sondern nur zur Lieferung des besser bezahlten frumentum imperatum (s. zu 163).

vielmehr . . .? — **quod sit.** Relativsätze, die einem Infinitiv untergeordnet sind, stehen oft im Konjunktiv. — **acervus** *Haufen; Menge.*

174. lucri facere: *als Gewinn betrachten; unterschlagen.* — **vīcēnōs singulōs** *je einundzwanzig.* Die Staatskasse wies 21 Sesterze für jedes Medimnum an, also $3^1/_2$ Sesterze für den Modius. Das war eine großzügige Bezahlung, da damals ein Modius in Sizilien nur 2½ Sesterze kostete. Aber unter Verres bekamen die Sizilier, wie Cicero behauptet, von diesem Gelde nichts! Cicero berücksichtigt nicht, daß Rom nur für das frumentum imperatum 3½ Sesterze bezahlte, für das frumentum decumanum (den „zweiten Zehnten") aber 3 Sesterze (vgl. 163). Die Nennung des höheren Preises läßt die von Verres unterschlagene Summe noch größer erscheinen. — **cum** adversativ. — **gratum fit:** *ein Dienst wird erwiesen.*

175. tempus oft *Verhältnisse; Umstände.* — **populorum** wie 172. — **interponere:** *unterschieben; fälschen.* — **repentīnus** hier *in der Eile hingeschrieben* und daher *unzuverlässig.* — **institutus:** so angelegt, wie es sich gehört, also *korrekt.* — **referre:** *aufschreiben.* — **recita!** an einen Gerichtsschreiber gerichtet.

Andere erpresserische Maßnahmen des Verres gegen die sizilischen Bauern

188. decumano. Gemeint ist der „erste Zehnte". — **extremum** prädikativ. — **frumentum aestimatum:** der übliche Ausdruck für das Getreide, das dem Statthalter für seinen fürstlichen Haushalt zustand. Das Geld, mehrere Millionen Sesterze, wies der Senat aus der Staatskasse an. Dabei wurde der Preis für einen Modius großzügig auf 4 Sesterze „geschätzt". Lag der Marktpreis tiefer — zur Zeit des Verres betrug er etwa 2½ Sesterze (vgl. 189) —, so fiel für den Statthalter ein beachtlicher Gewinn ab, der als durchaus rechtmäßig galt[8]. Die zur Lieferung verpflichteten Bauern mußten das Getreide in Syrakus oder an einem anderen vom Statthalter bestimmten Ort abliefern. Für manchen Landwirt konnte es vorteilhafter sein, sein Getreide zu einem niedrigen Preise in der Nähe zu verkaufen als es für einen höheren Preis an den Statthalter zu liefern. Denn der Transport über weite

---

[8] Es galt auch nicht als anstößig, wenn ein Statthalter, der in seinem Haushalt überflüssigen Aufwand vermied und damit große Mengen des ihm rechtmäßig gelieferten Getreides einsparte, dieses Getreide für seine Rechnung verkaufen ließ. Solche Einnahmen bildeten gewissermaßen das „Gehalt" des Statthalters.

Strecken erforderte viel Zeit und Arbeit und wog in manchen Fällen den Preisunterschied nicht auf. Es mochte auch Bauern geben, die ihr Getreide nicht gern abgeben wollten, weil sie es selbst brauchten. So hatte sich die Sitte eingebürgert, daß viele Landwirte dem Statthalter eine Geldgebühr dafür bezahlten, daß er ihnen die Lieferung des Getreides erließ. Soweit die Gebühr — den örtlichen Verhältnissen entsprechend — in angemessenen Grenzen blieb, galt dieser Brauch als einwandfrei (**scio, quid liceat**). Ein skrupelloser Statthalter konnte sich aber durch Schikanen allerlei Vorteile verschaffen. Wenn er z. B. den Bauern befahl, das Getreide an einem weit entfernten oder schwer zu erreichenden Ort abzuliefern, konnte er damit rechnen, daß man ihm jeden Betrag zahlte, um nur von der Lieferung befreit zu werden. Verres ließ nach Ciceros Darstellung den Bauern überhaupt keine Wahl, ob sie zahlen oder das Getreide liefern wollten. Er zwang sie, Geld zu zahlen; die Beträge setzte er willkürlich fest. — **tum vero eo magis:** *ja, und das um so mehr.* — **ingeniosus:** *geistvoll.* — **improbissima,** da Verres in diesem Punkte nichts abstreitet, sondern sein Verhalten als berechtigt hinstellen will. — **nam.** Sinn: Die Sache verhält sich *nämlich* so. — **cella** *Vorratsraum; Magazin.* — **quaternis sestertiis.** Angaben des materiellen Wertes stehen auch bei **aestimare** im Ablativ. Zu den Preisangaben s. Anhang 2.— **tritici, modium;** s. zu 163.— **hordeum** *Gerste.* — **adiecto.** Verres machte also eine sehr einfache Rechnung: Er addierte die Zahl der Scheffel ohne Rücksicht darauf, ob es sich um Weizen oder die viel billigere Gerste handelte, und verlangte von dem Bauern für jeden Scheffel einen Einheitspreis von drei Denaren. Das ergab, da auf einen Denar vier Sesterze kamen, das Fünf- bis Sechsfache des Marktpreises für Weizen und das Dreifache des vom Senat geschätzten Wertes. — **cum aratoribus.** Tatsächlich diktierte Verres die Preise. — **ne forte.** Sinn: Das sage ich, *damit du nicht etwa . . .* — **meditari:** *ersinnen* (die Entgegnung).

189. hoc: *nur das eine.* — **te:** Hortensium. — **summum** Adv. *höchstens.* — **planum facere:** *beweisen.*

196. Der folgende Dialog ist natürlich Ciceros Erfindung. — **hoc quid est?:** *wie ist also die Situation?* — **liberaliter:** *freigebig, großzügig.* — **quid . . . dari potest?:** *wieso kann ich dir also Geld geben?* Wieso, fragt der Bauer, kann Verres, der ja aus der Staatskasse ungefähr den doppelten Marktpreis des Getreides erhält, obendrein von ihm Geld fordern? — **aequitas:** *Gerechtigkeitsgefühl.*

197. decrevit; s. zu 163. — **cista** *Kasten; Schatulle.* — **fiscus** *Korb* zum Transport von Geld. — **quid postea?:** *was soll also* *jetzt werden?* — **octonos.** Hier fordert Verres „nur" 8 Sesterze (= 2 Denare), immerhin das Doppelte des vom Senat geschätzten Preises. — **ratione; rationem;** s. Sprache 6. — **singulos denarios.** Der Bauer müßte schon recht naiv sein, wenn er wirklich annähme, er würde für jeden Scheffel dasselbe Geld erhalten, das der Senat anwies. Auch die gewissenhaften Statthalter haben schwerlich mehr als den Marktpreis für ihr Getreide bezahlt. — **praeda** und **dīreptiō** ohne wesentlichen Unterschied: *Plünderung; Räuberei.* — **cella** bildlich: *Getreide für den persönlichen Bedarf; Magazingetreide.*

198. deerat: *hat gerade noch gefehlt.* — **reliquae fortunae:** *der Besitz, der noch übrig war.* — **evertere:** *hinausdrängen.* — **instrumentum:** *landwirtschaftliches Gerät.*

225. summam facere: *die Summe aufstellen.* — **quinquies tanto amplius:** *fünfmal mehr.* Zwischen einem Zahladverb und einem dazu gehörenden Komparativ steht gewöhnlich **tanto** (unübersetzbar). — **licitum est** gleichbedeutend mit licuit. — Man darf aus Ciceros Ausführungen nicht schließen, daß Verres in allen Fällen Geld statt des Getreides verlangt habe. Er mußte doch mit seinem großen Haushalt leben, und er lebte sicher nicht schlecht! Und zweitens war er in der Lage, aus seinen privaten Getreidebeständen zur Versorgung Roms beizusteuern (vgl. 171, **de sua copia**). Demnach muß ein beträchtlicher Teil des frumentum aestimatum in die Magazine des Verres gebracht worden sein. Übrigens hatte Verres ein so außerordentliches Geschick, Geldquellen zu entdecken, daß es ihm gewiß nicht schwer fiel, sich auch an dem Getreide, das ihm wirklich geliefert wurde, noch zusätzlich zu bereichern. Er konnte die Preise drücken mit der Begründung, daß das Getreide schlecht sei; er konnte Geldstrafen für angeblich verspätete Lieferung verhängen; er konnte gelegentlich auch „vergessen", das gelieferte Getreide überhaupt zu bezahlen.

Schluß

226. agricultiō *Ackerbau.* — **sustuleris.** Die 2. Person Sing. entspricht dem deutschen *man.* — **nomen** als Ausdruck des Standes, der Berufsklasse. — **quid potest esse residui?:** *was kann übrig sein?* Sinn: Sie haben das Unglück bereits bis zum letzten ausgekostet. — **ignominia:** *Demütigung.* — **optima aestimatione:** *auf Grund einer ...;* s. zu 188, frumentum aestimatum. — **cella;** s. zu 188.

227. moderārī *lenken; regieren.* — **alterae** (decumae); s. zu 163, unum. — **ematur praeterea frumentum.** Gemeint ist das Getreide, das in 163 als **imperatum** (aequaliter distributum) bezeichnet wird. — **ille:** *der oft genannte.* — **dominus** ironisch. Eigentlich sollte doch der Bauer selbst *Herr* seiner Ernte sein. — **in potestate fructuum:** *bei der Verfügung über die Ernte.* — **solutus:** *abgabenfrei.*

228. dēservīre *eifrig dienen; treu dienen.* — **furta;** s. zu 42. — **pro empto:** *statt daß es ihnen bezahlt wurde.* — **cum iniuriis contumeliisque.** Mißhandlungen und Demütigungen kamen noch hinzu! — **aliquid agitur:** *es geht um etwas.* — **socii;** s. zu D 37, sociorum. — **colōnus** *Pächter,* der nicht eigenes Land bebaut; verallgemeinert = arator. — **diligentia:** *Gewissenhaftigkeit.*

IV.

DE SIGNIS

Die vierte Rede schildert, wie Verres in rücksichtslosester Weise, durch Mißbrauch des Gastrechts, durch Erpressung und selbst durch Raub viele Kunstwerke der Plastik **(signa)**, Gemälde und Erzeugnisse des Kunstgewerbes in seinen Besitz brachte. „Der Eindruck, den die Lektüre hinterläßt, würde ein durchaus unerfreulicher sein, wenn er nicht wesentlich dadurch gemildert würde, daß wir durch die genaue Schilderung der Verhältnisse Siciliens erfahren, wie die hellenische Kultur durch die griechischen Kolonien auch auf dieser Insel tiefe Wurzeln geschlagen und die Einwohner der Städte mit einem hohen Kunstsinn erfüllt hatte, der auch seine Einwirkung auf die Römer nicht verfehlen konnte" (Hachtmann).

Einleitung

1. istius; s. zu AP 3. — **studium:** *Liebhaberei.* — **morbum et insaniam;** s. Sprache 4c. — **genus:** *Art; Gattung* (der Verfehlungen des Verres). — **in Sicilia tota:** *an jedem Ort in ganz Sizilien.* Bei **totus** steht bisweilen die Präposition **in,** „namentlich wenn ein Einzelnes innerhalb des ganzen Raumes bezeichnet wird" (Menge). Andere deuten: *im Bereich von ganz Sizilien.* Tatsächlich ist ein wirklicher Bedeutungsunterschied zwischen tota Sicilia und in tota Sicilia nicht festzustellen. — **oppidis, familiis:** abl. qualitatis. Wir sagen: *mit ihren . . .* — **margarīta** *Perle.* — **sīgnum:** *Standbild; Bildwerk.* — **aēneus** *aus Erz; aus Bronze.* — **pictūra** *Gemälde;* in Verbindung mit **textīle** anders zu übersetzen. — **textīle, -is** *Gewebe; Stoff.* — **placitum sit** wie placuerit. Der Konjunktiv hat einschränkende Bedeutung: *soweit es . . .; sofern es . . .*

2. magnum dicere hat die Bedeutung der umgangssprachlichen Redensart *den Mund voll nehmen.* — **complecti:** *zusammenfassen.* — **Latinē:** *in normalem Latein;* also *wörtlich* (damit wird die abhängige Frage **quemadmodum dicam** beantwortet). Gegensatz dazu **accusatorie:** *in der üblichen Art eines Anklägers*, der naturgemäß zu Übertreibungen neigt. — **loci communes:** öffentliche Plätze, Straßen, Gebäude. — **ad oculos accidere:** *vor die Augen kommen.* — **prŏfānus** *nicht geweiht*, Gegensatz zu **sacer.**

Raub von Kunstwerken aus sizilischem Privatbesitz

3. incipiam potential. — **ea civitate:** Mèssana; s. EN. — **dēlĭciae, -ārum** *Wonne; Freude.* — **numero** (hominum). — **persequi:** *(gerichtlich) verfolgen.* — **invenior** (n. c. i.): *es steht fest, daß ich.* — **ornatissimus;** s. Sprache 6 (amplus). — **vel** beim Superlativ: *wohl; vielleicht.* — **quidem certe:** *wenigstens; jedenfalls.* — **nostri homines:** *unsere Landsleute.* — **urbi:** Messanae. — **quae sit** adversativ.

4. apud Heium in aedibus: in Hei aedibus. — **sacrārium** *Kapelle.* — **dignitas** wie auch **nobilitas** bedeuten etwa *erhabene Schönheit.* — **in quo** (erant). — **ingeniosus:** *kunstsinnig.* — **intellegens:** *Kenner.* — **verum** oft = sed. — **idiōta,** -ae m. *Laie.* — **nīmīrum** Adv. *natürlich.* Cicero gibt sich den Anschein, als habe er den Namen **Praxiteles** erst auf seiner Reise durch Sizilien kennengelernt; vgl. auch das folgende **opīnor** (s. zu II 87). — **inquirere in:** *Material sammeln gegen.* — **ille:** *der bekannte; der berühmte.* — **ad aedem** umgangssprachlich für in aede. — **profana;** s. zu 2.

5. verum; s. zu 4. — **et certe:** *ja gewiß!* — **ārula** *kleiner Altar.* — **religionem;** s. Sprache 6. — **venustās** *Schönheit; Anmut.* — **virginālis** *mädchenhaft.* — **habitus,** -ūs *Haltung; Gestalt; Erscheinung.* — **sacra:** *heilige Geräte.* — **quemnam?** drängende Wiederholung. — **recte admones,** als wenn Cicero die Rede wirklich hielte und einer seiner Freunde ihm den Namen zuriefe. — Die erwähnten Statuen waren vermutlich Kopien. Daß ein Privatmann in Messana Originalwerke des Praxiteles und Myron besessen hat, ist kaum anzunehmen.

6. habuit ornatum als Ausdruck des Zustandes: *er erhielt im Festschmuck.* Bei den großen Spielen ließen die Ädilen die Plätze, über die der Festzug ging, mit Bildwerken schmücken. Kunstwerke liehen sie sich zu diesem Zweck von ihren Freunden oder auch von griechischen Gemeinden. — **patronus:** s. Einl. Fußnote 17. — **illis:** Heis. — **benignus:** *gefällig.* — **commodare:** *leihweise überlassen.* — **homines eiusmodi,** also Ädilen. — **immo vero:** *nein, vielmehr.* — **mŏdŏ:** *soeben.* — **basilica** *Halle*, besonders zu Gerichtssitzungen und Handelsgeschäften dienend. — **ornamenta:** *Kunstschätze.* — **commodis:** rebus commodatis. — **fūrtum** *Diebstahl;* überhaupt *Vergehen gegen fremdes Eigentum;* auch *Diebesgut.* — **nocens** hier *unehrlich.* — **quadridui causa,** nämlich für ein viertägiges Fest. — **domum** (suam). — **deinde,** also nach dem Fest.

7. neque tamen: *ja, und auch nicht.* — **ligneum** (signum). — **eam** doppeldeutig: das Kunstwerk und das Glück selbst. — **pro deum** (Gen. Plur.) **hominumque fidem!** In dieser Wendung ist **prō** Interjektion, die Verwunderung oder Entrüstung ausdrückt. Wir sagen: *Götter und Menschen mögen mir beistehen!* — **causa:** *Sache* (die ich zu behandeln habe). — **ista:** Verris. — **cum imperio:** als Träger der Staatsgewalt. Ein **imperium** hatten nur die Konsuln und Prätoren sowie die Provinzstatthalter. — **integer:** *unbescholten.* — **innocens:** *korrekt; uneigennützig.* — **religiosis;** s. Sprache 6. **audax:** *unverschämt; unverfroren.* — **aut attingere.** Wir sagen: *oder auch nur . . .* — **auferet?:** *soll wegnehmen dürfen?* (s. zu AP 20, absolvitur). — **nihil cuiquam:** nemini quicquam. — **praeterea:** praeter Verrem. — **superiores:** die Vorgänger. — **attigit** (signa, ornamenta). — **hic:** Verres.

8. invehi: *dreinfahren; sich ereifern.* — **repellere:** *zurückweisen.* — **securibus,** der Fülle wegen hinzugefügt, ist eigentlich überflüssig, da die fasces und secures selbstverständlich zum imperium gehören. Cicero will wohl das Paradoxe hervorheben, das darin liegt, wenn der Mann, der Gewalt über Leben und Tod hat, sich als Kaufmann betätigt. — **tabulas pictas;** s. Sprache 6. — **ad omnia:** auf alle Anschuldigungen hin. — **patefieri:** *zum Vorschein kommen.*

11. iste hier ohne verächtlichen Sinn. — **auctiō** *Versteigerung.* — **res nummaria:** *Finanzen.* — **vis:** *Druck; Not.* — **in suis nummis multis:** *in guten Verhältnissen.* — **contrā** Adv. *umgekehrt.* — **quid, si?** fingierter Einwand eines Gegners: *wie wäre es, wenn?* — **verisimile non est** ungefähr wie vix fieri potest; daher **ut.** — **religioni;** s. Sprache 6. — **anteponeret** irreal.

12. sunt ista: *das mag sein;* wieder ein fingierter Einwand. — **instituta:** *Grundsätze.* — **humanitas:** *vornehme Haltung.* — **ipsum:** Heium. — **tabulas;** s. Sprache 6. — **sestertium;** s. Anhang 3. — **recita!** an einen Gerichtsschreiber gerichtet. — **iuvat me** *es erfreut mich;* auch *es ist für mich interessant.* — **isti:** die griechischen Kunstkenner. — **concidere:** *im Kurs fallen.* — **sestertiis mille sescentis:** *für* 1600 *Sesterze.* Das ist ungefähr ein Viertel der vorher genannten Summe, also der Preis für eine der vier Statuen. — **prōfectō** Adv. *wahrhaftig.* — **natum est:** *ist aufgekommen; stammt.* — **mālō emere quam rogare.** Die Redensart meint einen reellen Kauf, durch den man sich Bitten und Dankesworte erspart. Bei Verres handelt es sich um einen Scheinkauf.

13. ista (signa). — **permagno;** s. zu III 188, quaternis sestertiis. — **ad:** *entsprechend.* — **ratio ususque:** *Grundsätze und Praxis.* — **verum;** s. zu 4. — **līberē,** also ohne Druck oder Zwang. Cicero betont auch hier wieder, daß Kunstbegeisterung einem Römer wesensfremd sei.

14. tempus oft *Verhältnisse; Lage.* — **simulatione:** *unter dem Schein.* Der Ablativ hat eine andere Funktion als bei **vi, metu, imperio, fascibus.** — **metus** hier *Einschüchterung.* — **fidei;** s. Sprache 6.

15. profecto; s. zu 12. — **lēgātiō** *Abordnung.* — **ne forte:** *daß nur nicht etwa; wenn nur nicht etwa.* — **dum** konzessiv: *wenn nur;* hier *um nur zu ...* — **reticēre** *schweigen.*

16. committere: *anheimstellen.* — **prōdūcere** *vorführen* (als Zeugen). — **neque ullo periculo.** Sinn: Und es war gar kein Wagnis. — **domi suae:** *in seiner Vaterstadt.* — **qui vellet** kausal. — **illa** (signa). — **vēnālis** *verkäuflich.*

32. verum: *wahre Geschichte.* — **mehercule;** s. zu D 37. — **narrare.** Bei **meminisse** steht meist der Infinitiv der Gleichzeitigkeit; man stellt sich die vergangene Handlung als gegenwärtig vor. — **hȳdrĭa** (ὑδρία) *Wasserkrug; Kanne.* — **per potestatem:** *unter Mißbrauch seiner Amtsgewalt.* — **adventus:** *Besuch.* — **scy̆phus** *Becher.* — **sigillātus** *mit Reliefarbeit verziert.* — **praetor** oft für propraetor. — **bini** bisweilen statt duo bei Dingen, die paarweise zusammengehören. — **utrique** gelegentlich statt des Singulars, wenn es sich um ein Paar handelt. — **illi:** *die* (in meiner Rede) *mehrfach erwähnten.* — **inambulāre** *umhergehen; auf und ab gehen.* — **ne multa** (dicam): *kurz.* — **illos coepisse:** plötzlicher Übergang in die abhängige Rede. — **lŭtum** *Lehm; Schmutz.* **lŭtĕus** *aus Dreck;* also *nichts wert.* — **negotium** hier Objekt des Handels. — **ille:** Verres. — **aufert:** *er darf wieder mitnehmen.*

33. mehercule; s. zu D 37. — **nūgātōrius** *albern; nichtig.* — **ista:** *dergleichen Dinge.* — **sensus:** *Empfinden; Geschmack.* — **fūrārī** *stehlen.* — **oculis illorum.** Cicero spricht dem Verres echtes Kunstempfinden und jede Fähigkeit zu einem eigenen Urteil in Fragen der Kunst ab. Ob er damit recht hat, erscheint immerhin fraglich. — **existimationis;** s. Sprache 6. — **intellegens;** s. zu 4. — **comperendinatus:** s. Einl., Fußn. 8. — **pro damnato:** *so gut wie verurteilt.* — **ludis:** abl. temporis. — **māne** Adv. *früh am Morgen.* — **prīmārius** *hervorragend.* — **triclīnia,** -ōrum: couchähnliche *Polster,* auf denen reiche Römer beim Festessen zu liegen pflegten. — **sternere** *ausbreiten;* auch *herrichten* (mit Decken). — **argentum:** *Tafelsilber.* — **honestissimorum;** s. Sprache 6 (amplus). — **accessit:** Anakoluth (statt accesserit). — **stultitiam** (Verris). — **cui:** ut ei. Wir sagen: *die darin bestand, daß ihm.* — **testes,** die ihn bereits in der actio prima belastet hatten.

— **illorum:** Neutrum. — **pueri:** junge Sklaven. — **deicere:** *abwenden.* — **digitum:** *einen Finger breit.*

34. coniectūra *Vermutung.* **coniecturam facere** c. gen.: *schließen auf etwas.* — **qui reus.** Wir sagen lieber: *wenn ein Angeklagter.* — **et:** *und zwar.* — **re:** *praktisch*, aber noch nicht rechtlich. — **temperare:** *sich beherrschen.* — **conventu**; s. Sprache 6. — **tractare** c. acc.: *sich befassen mit.* — **putabit?** s. zu AP 20, absolvitur. — Von dem auffallenden Benehmen des Verres im Hause des Sisenna berichtet Cicero in ungezwungenem Erzählerton (damit erklärt sich der Anakoluth **ut accessit**). Am Schluß wird das Komische der Situation angedeutet: der Senator und Exstatthalter, dessen „Veranlagung" bekannt ist und dessen Bewegungen von der Dienerschaft scharf beobachtet werden! Wenn Cicero diese Geschichte nicht erfunden hat — und das ist unwahrscheinlich — muß man annehmen, daß Verres sich zur Zeit der ludi Romani (das sind die erwähnten **ludi circenses**), also im September, noch in Rom aufhielt und sogar von seinen Freunden noch eingeladen wurde.

35. verum; s. zu 4. — **digredi:** *abweichen; sich entfernen.* — **hydria**; s. zu 32. — **ăbăcus** *Prunktisch*, auf dem man Silbergerät in geschmackvoller Anordnung zur Schau stellte. — **abstulit** (Verres). — **licet** c. coni.: *meinetwegen mag . . .* — **hic:** *in diesem Falle.* — **furti**; s. zu 6. — **litterae**; s. Sprache 6. — **quomodo qui:** *wie einer, der.* — **tenuissime:** *sehr niedrig.* — **histriō**, -ōnis *Schauspieler.* Besonders beliebte Schauspieler erhielten außer ihrem Honorar von dem Beamten, der die Aufführung veranstaltete, oft noch eine Ehrengabe, meist einen Kranz aus Silber. Für den Wert solcher Geschenke war, damit keine Verschwendung getrieben wurde, ein Höchstsatz vorgeschrieben. Diese Bestimmung konnte man aber umgehen, indem man den Wert des Geschenks sehr niedrig taxieren ließ. Bei Verres lag natürlich die Absicht vor, die Kunstgegenstände für einen Spottpreis zu erwerben. — **emptiō** *Kauf.* — **verbo transigere:** *mit einem Wort erledigen.*

36. quid fit? drängend: *nun?* — **tabulas**; s. Sprache 6. — **proferre:** *vorlegen.* Der Ankläger hatte das Recht, alles Beweismaterial zu beschlagnahmen; aber Verres hatte vermutlich viel belastendes Material rechtzeitig verschwinden lassen. — **aliquot** (tabulas). — **confecisse.** Ändere im Text s in c. — **componere** hier etwa *in Ordnung bringen.* — **hoc:** *wenigstens diesen einen Punkt.* — **de reliquo:** mit den anderen „Erwerbungen" des Verres. — **videro.** Sinn: Mit den anderen Fällen sind wir dann schon so gut wie fertig. — **nec scriptum . . . edere:** fingierte Antwort des Verres. — **ad villas** umgangssprachlich für in villis. — **deponere:** *unterbringen; aufbewahren.* — **quod . . . vellet.** Der Konjunktiv hat einschränkende Bedeutung. Sinn: *soweit er Wert darauf legte.* — **improbus:** *skandalös.* — **si, quas tabulas . . . non est:** si in his tabulis, quas profers, scriptum non est, quomodo ea habeas, quae habes. — **quomodo habeas:** *auf welche Weise du dir angeeignet hast.* — **temporum, cum:** temporum, quibus. — **nullas profers.** Wir sagen: . . . *vorlegen kannst.* — **prolatis,** da sie ja doch gefälscht sind; **non prolatis,** da sie belastendes Material enthalten würden und deshalb nicht angelegt oder beiseite geschafft worden sind.

37. lectissimo; s. Sprache 6 (amplus). — **prōmptus:** *energisch; unternehmend.* — **supellēx,** -lēctīlis f. *Hausrat.* — **cĭtrĕus** *aus Zitrusholz.* Der Zitrusbaum, eine Art Lebensbaum (Thuja), ist in Afrika, besonders im Atlasgebiet, heimisch. Sein Holz wurde im Altertum sehr geschätzt und war teuer. — **beneficium:** *Fürsprache; Vermittlung.* — **dēpecūlārī** *ausplündern.* — **perditus:** ein Mensch, der keinen Ausweg mehr sieht. — **lăquĕus** *Strick; Schlinge.* **collum in laqueum inserere:** *den Kopf in die Schlinge stecken.* — **pūpillus** *verwaist.* Der Plural ist rhetorische Übertreibung. Bekannt ist nur, daß A. Clodius auf Anordnung des Nachfolgers des Verres einem vaterlosen Jungen aus Drepana (dem im folgenden genannten Hejus) sein Vermögen zurückgeben mußte. Cicero will wohl sagen: Clodius hatte sich zu der Zeit, als Verres noch Statthalter war, ein Vermögen auf unrechtmäßige Weise angeeignet. Die Sache kam heraus, und aus Angst vor dem Gericht war Clodius bereits im Begriff, sich das Leben zu nehmen — das ist vermutlich Übertreibung —, da hat Verres ihm aus aller Not „geholfen", indem er ihm einen Teil des Raubes abnahm. — **primus** wie primarius; s. zu 33. — **dēversārī** *sich einquartieren; wohnen.* — **ablatum** (esse). — **sestertiis mille,** also für einen lächerlichen Preis. — **proferam;** s. zu 36. — **tutor:** *Vormund.* — **scăphium** *Trinkschale* in Form eines Bootes. — **emblēma,** -atis n. (ἔμβλημα): aufgelötetes Bildwerk (Hochrelief).

38. colligere im wörtlichen Sinne *zusammensuchen.* — **tantummŏdŏ** Adv. *nur.* — **versari in:** *sich drehen um; bestehen in.* — **cupiditatem.** Dieses Wort wäre viel zu schwach! — **antea:** actione prima. — **domi;** s. zu 16. — **quo:** ad quos. — **virtus:** *Charakter; vorbildliche Haltung.* — **splendidus;** s. Sprache 6 (amplus). — **toreuma,** -atis n.: Bildwerk von getriebener Metallarbeit. — **non invitus** mit leichter Ironie: *nicht gerade ungern.*

39. nihil ei longius videbatur. Sinn: Er konnte es nicht erwarten. — **frūgī** (undeklinierbar) *ordentlich; tüchtig.* — **paucis illis diebus:** *wenige Tage zuvor.* — **recedere:** *verreisen.* — **usque eo:** *bis zu dem Grade; dermaßen.* — **minitārī** *drohen.* — **vōciferārī** *schreien.* — **accipere:** *vernehmen.* — **ea cupiditate** (fuisse). — **monīle,** -is n. *Halskette.*

40. castra commovere und **vasa colligere:** militärische Fachausdrücke, die hier komisch wirken. **vasa colligere:** *das Gerät zusammenpacken*, also alles zum Abmarsch vorbereiten. Cicero will sagen, daß Diodoros alle Wertgegenstände vorsichtshalber eingepackt und mitgenommen hatte. — **homo:** Verres. — **rationem / ratio:** *einen sinnvollen Plan / Sinn.* — **apponere:** *aufstellen; beauftragen.* — **canibus;** s. zu I 126. — **rei capitalis;** s. zu II 68. — **reum facere:** *anklagen.* Zu dem folgenden **reum** ergänze fieri. — **erratum** *Irrtum; Fehler.* — **nomen deferri; nomen recepisse;** s. Einl. 13. — **primum** *zum ersten Male.* — **absentis;** s. zu II 94, absentem. — **istum recepisse** (grammatisch falsch) ist von **opinor** abhängig zu denken.

41. clara (erat). — **caelātus** *getrieben* (von Metallarbeit). — **sordidātus:** *in Trauerkleidung.* — **circum:** *bei . . . herum.* — **quo progrederetur.** Wir sagen: *wieweit er gehen wolle.* — **invidiosam esse:** *sie mache böses Blut.* — **hominem:** Verrem. — **etiam tum:** *damals noch.* — **at** hier *so doch.* — **iudicium.** Wenn Verres es auf einen Prozeß ankommen lassen wollte, mußte er zunächst über große Geldmittel verfügen, um auf seine Rechtsbeistände und auch auf die Richter „einwirken" zu können. — **refertus** *vollgestopft*, grammatisch auf **annus** bezogen. Auch im Falle Sthenius (II 82 ff.) empfahl der Vater des Verres seinem Sohne größere Vorsicht. — **de reis eximere:** *von der Liste der Angeklagten streichen.*

42. statuerant; s. Sprache 6. — **paulo magis,** also *etwas mehr* als durchschnittlich.

50. venisset (Verres). — **locuplēs** und **copiosus** ohne wesentlichen Unterschied. — **proāgorus** (προήγορος) „*Sprecher*", in manchen sizilischen Gemeinden der Titel, den der Vorsitzende des Gemeinderats führte. In **Catina** und Tyndaris war der proagorus zugleich der höchste Magistrat der Stadt. — Rom hatte den sizilischen Gemeinden eine gewisse Selbständigkeit gelassen. Allerdings war die demokratische Verfassung überall beseitigt und in allen Gemeinden aus der städtischen Aristokratie ein Gemeinderat **(senatus)** gebildet worden, in dessen Händen die Entscheidung über die Angelegenheiten der Gemeinde lag. Soweit wir wissen, bestanden die Gemeindesenate aus mehr als hundert Mitgliedern. Die Senatorenwürde war wohl in den meisten Gemeinden lebenslänglich. Neben den Senaten gab es in manchen sizilischen Städten Volksversammlungen, über deren Befugnisse nichts Näheres bekannt ist. — **primum** wie primarium; s. zu 33. — **iūrātus** *vereidigt;* also *unter Eid.*

51. illa: *folgende Begebenheiten.* — **optima** (sunt). — **laboriosus, diligens** ironisch. — **domi;** s. zu 16. — **caelati;** s. zu 41. — **ēscen-**

dere *hinaufsteigen.* — **diligere:** *achten.* — **provincia** *Wirkungskreis;* hier *Auftrag.* — **nec habebat;** s. zu I 75. — **lectica** *Sänfte.* In einer Sänfte zu reisen, galt als weibisch und daher als unvereinbar mit der Würde eines Magistrats.

52. videret, diceret: Potentialis der Vergangenheit. — **thēca** (θήκη) *Behälter.* — **extorquēre** *entwinden; entreißen.* — **revellere** *losreißen.* — **claustra,** -ōrum *Riegel.* — **quid enim putatis?** Sinn: Kann man denn etwas anderes erwarten (als solche Szenen)? — **tamen** wird durch das folgende **etsi** erklärt. — **ne putetis.** Sinn: *Deshalb könnt ihr auch nicht glauben.* — **deferuntur,** nämlich ans Meer. — **improbare:** *für wertlos erklären.* — **crusta** *Zierrat,* u. z. dünne Metallstreifen mit Flachrelief. — **emblemata;** s. zu 37. — **excutere:** *entreißen.* — **dēlĭciae,** -ārum *Wonne; Freude;* auch *Gegenstand der Freude.* — **puro,** also ohne den wertvollen Zierrat.

53. ēverrĭculum *Kehrbesen,* von verrere *fegen; scharren:* Anspielung auf den Namen Verres. — Cicero berichtet in den folgenden Abschnitten, daß Verres sich später in Syrakus eine eigene Werkstatt errichten ließ, in der für ihn goldenes Tafelgerät angefertigt wurde. Diese Geräte wurden mit den geraubten **crustae** und **emblemata** verziert, und zwar, wie Cicero betont, so geschmackvoll, als wenn der Zierrat von vornherein für dieses Tafelgeschirr bestimmt gewesen wäre.

Raub eines Kunstwerks aus dem Besitz syrischer Prinzen

60. non iam. Was jetzt kommt, kann man *nicht mehr* mit dem milden Wort „Diebstahl" bezeichnen. — **avaritia:** *ein Fall von Habgier.* — **existimatio;** s. Sprache 6. — **hospitium:** Abstraktum statt des Konkretums. Wir sagen: *der Gast.*

61. reges. Antiochos und sein Bruder waren als Könige nicht anerkannt, daher waren sie eigentlich nur *Prinzen.* Da Cicero sie aber stets **reges** nennt, wird man bei der Übersetzung den Titel *Könige* anwenden. — **puer:** *jugendlich.* — **nuper.** Seitdem waren zwei bis drei Jahre vergangen. — **sine controversia:** *unbestritten,* eine kräftige Übertreibung. Tatsächlich war der junge Antiochos vor dem Jahre 69 nur dem Namen nach König von Syrien. — **pertinere ad:** *zukommen; zustehen.* — **tempora** oft *Verhältnisse; Lage.* — **praetore;** s. zu 32.

62. hērēditās *Erbschaft.* — **regnum:** Ausdruck für die Machtstellung eines absoluten Herrschers. — **homini:** Antiocho. — **haec:** *die üblichen.* — **ŏlĕum** *Öl.* — **trĭticum** *Weizen.* — **quod satis esset:** quod satis esse putabat. — **decuma:** *der Zehnte* der Getreideernte, der zur Versorgung Roms bestimmt war; s.

zu III 13. Mit **suis** will Cicero wohl ausdrücken, daß Verres über solche Abgaben wie ein Monarch verfügte. — **triclīnium** hier *Speisesaal* (vgl. 33). — **exponere:** *zur Schau stellen.* — **haec aurea:** die bereits erwähnten; s. zu 53. — **quid multa** (dicam)? — **copiose ornatus:** *prunkvoll eingerichtet.* — **copiae:** *Schätze.* — **distinguere:** *verzieren.* — **vas vinarium:** *Weinschöpfer.* — **una gemma.** Gemeint ist ein Halbedelstein von ungewöhnlicher Größe. — **trulla** *Schöpfkelle.* — **excavāre** *aushöhlen.* — **mănŭbrium** *Handgriff*, steht als wesentlicher Bestandteil des Geräts im abl. qualitatis. — **idoneus** hier *zuverlässig.* — **gravis** *gewichtig.*

63. **res:** *Tatbestand; der weitere Verlauf.* — **caelātor** *Ziseleur*, d. h. ein Künstler, der getriebene Metallarbeiten verfertigt; s. zu 41, caelatus. — **mittit** (Verres). — **gemmeus** *aus einem* (*Halb-*)*Edelstein.*

64. **reliquum:** *der Rest* der Geschichte. — **pervagatur:** *die Kunde verbreitet sich.* — **candēlābrum** *Leuchter.* — **ponerent,** nämlich als Weihegeschenk. — **offendere** hier *antreffen; vorfinden.* — **vulgō** Adv. *vor aller Welt.* — **suo tempore:** *zur angemessenen Zeit.* — **cella:** der innere Raum des Tempels, in dem das Bild der Gottheit stand. — **clarus:** *strahlend, herrlich.* — **recens atque integer:** *neu und von unmittelbarer Wirkung.* Die Schönheit des Gegenstandes soll „unberührt" sein, das heißt: sie soll nicht dadurch abgeschwächt sein, daß Tausende von Neugierigen den Leuchter schon vorher, und zwar am unrechten Platze, gesehen haben. — **dēdicāre** *weihen.* — **non quo:** *nicht als ob; nicht etwa, weil.* — **ante praecipere oculis:** *vorher zu sehen bekommen.* Häufung des Ausdrucks: **ante** ist eigentlich überflüssig. — **pluribus:** *mit mehr Worten*, als bei einer solchen Bitte üblich ist.

65. **puerilis** hier *arglos; harmlos.* — **involvere** *einwickeln.* — **involūcrum** *Hülle.* — **erat** (candelabrum). — **opera:** die Arbeiten des Goldschmieds, des Ziseleurs und des Steinschneiders. — **copia:** *das reiche Material.* — **apparatus,** -ūs hier *Hausrat.* — **etiam atque etiam:** *wieder und wieder.* — **inanes,** also *mit leeren Händen.*

66. **si videatur:** *wenn er so freundlich sein wolle.* — **os** oft *Gesicht;* bildlich *Dreistigkeit; Unverfrorenheit.* — **sciret, audisset, videret** mit konzessivem Sinn. — **religione;** s. Sprache 6. — **opus et munus:** *ein zum Weihegeschenk bestimmtes Kunstwerk.* — **ex eius regno:** eine unsinnige Beschuldigung, da Antiochos nur dem Namen nach König von Syrien war.

67. **maximo conventu:** abl. modi (Begleitumstand), aber ebensogut als abl. absolutus zu erklären. — **suspicione:** *auf bloße Vermutungen hin.* — **contestārī** *als Zeugen anrufen.* — **sua:** *obwohl sein* (des Antiochos) *Eigentum.* — **pĕnĕs** c. acc. *in der Hand von.* —

laborare: *betrübt sein.* — **hoc:** candelabrum. — **tum:** *jetzt.* — **conventu.** Vorher war von einer großen Menschenmenge die Rede; als Zeugen für die feierliche Weihe ruft der Prinz nur die römischen Bürger an. — **dare, donare, dicare, consecrare:** feierliche Weiheformel (Alliteration!). — **latera,** -um *Seiten; Flanken;* als Sitz einer kräftigen Stimme: *Lungen; Brust.* — **sustinere** hier *gewachsen sein; bewältigen.* — **amicissimo patre . . . regno:** abl. qualitatis. Daß die Vorfahren des Antiochos so innige Freunde Roms gewesen seien, ist Erfindung Ciceros.

68. accepturas (esse). **accipere** hier ganz wie unser „*aufnehmen*". — **putasti?** an Verres gerichtet. — **acerbitās** *Herbheit; Bitterkeit.* — **discesserit** (e iudicio). — **haec fama:** *das bekannte Gerede.* — **hominum.** Gemeint sind besonders Männer senatorischen Standes. — **percrēbrēscere,** -crēbruī *sich verbreiten.* — **intervertere** *unterschlagen.* — **studia:** *Ergebenheit.* — **hoc:** *dieser Fall.* — **in rege:** *wo es sich um einen König handelt.*

71. huic: Verri. — **sacer** *heilig; unantastbar* als Eigentum der Götter. — **religiosi;** s. Sprache 6. — **obstringere** c. abl. *verstricken in.* — **ubi possit** mit adversativem Sinn. — **miramur?** *können wir uns darüber wundern?* (s. zu AP 20, absolvitur).

72. concipere hier *begehen.*
Die Geschichte von dem Kandelaber des Antiochos bietet in ihrem ersten Teil ein Muster lebendiger Erzählkunst[9]. Im zweiten Teil

[9] Wir haben keine Möglichkeit, nachzuprüfen, ob Ciceros Darstellung der Wahrheit entspricht. Auf jeden Fall ist die Frage berechtigt, ob Antiochos nach der Abreise von Rom wirklich noch die Absicht hatte, den Leuchter später nach Rom zu schicken. Der junge Prinz war nach Rom gekommen, um beim Senat die Bestätigung seiner Thronansprüche zu erreichen, und vermutlich wollte er den kostbaren Leuchter dem Juppitertempel als Dankesgabe weihen. Da seine Versuche erfolglos blieben, war er Rom auch keinen Dank schuldig. Es ist daher recht wahrscheinlich, daß der Prinz, als er enttäuscht Rom verließ, den Leuchter mitnahm in der Absicht, ihn zu behalten oder einem anderen Tempel zu schenken. Wenn er später, nachdem er von Verres betrogen worden war, mit Nachdruck betonte, der Leuchter sei Eigentum des Juppiter und Verres habe sich an Tempelgut vergriffen, so kann man das verstehen. Der Umstand, daß der Tempel noch nicht fertig war, konnte als Begründung dafür dienen, daß Antiochos den Leuchter nicht in Rom gelassen hatte. Überzeugend ist diese Begründung freilich nicht, denn die Wiederherstellung des Juppitertempels war ein Ereignis, von dem man auch im Orient wissen mußte. Und wenn Antiochos v o r seiner Reise nach Rom nicht gewußt hätte, daß mit der Vollendung des Tempelbaus erst nach einigen Jahren zu rechnen sei, so wäre das doch sonderbar.

gewinnt das rhetorische Pathos die Oberhand, und zum Schluß stellt der Ankläger den Raub des Leuchters mit schwungvollen Worten als Verbrechen gegen Juppiter Capitolinus hin. Dabei vergißt er nicht, die bereits früher geschilderten Sakrilegien des Verres zu erwähnen. Wenn der Fall Antiochos auch mit der Repetundenanklage an sich nichts zu tun hat, so ist er doch sehr geeignet, die Stimmung vorzubereiten für die nun folgenden Berichte über die Verbrechen des Verres, von denen sizilische Gemeinden betroffen wurden.

Raub von Kunstwerken aus öffentlichem Besitz

1. Segesta

haec loca: die Gegend von Rom. — **demonstrant** (scriptores). — **cōgnātiō** *Blutsverwandtschaft.* — **suo nomine** *im eigenen Namen;* also *auf eigene Faust.* — **praeditus** *versehen (mit).* — **homines:** die Verehrer. — **digna videbatur** (Diana).

73. diligentia: *Gewissenhaftigkeit.* — **domestica exempla:** Beispiele aus der römischen Geschichte. — **omnia:** alles Eigentum der sizilischen Gemeinden.

74. sēdēs (Plur.): *Stätte; Platz.* — **grātulātiō** a) *Glückwunsch;* b) *Danksagung.* — **băsis,** -is f. (βάσις) *Sockel.* — **perscrībere** *genau aufschreiben.* — **colebatur** (Diana). — **ab illis:** Segestanis. — **amplus** hier *groß.* — **stŏla** *langes Gewand.* — **habitus virginalis;** s. zu 5. Die Gestalt wirkte bei aller Größe doch jugendlich und anmutig. **retinere:** *nach hinten halten.* **făx,** făcis f. *Fackel.*

75. percutere: *treffen.* — **dēmōlīrī** „*abmontieren*“; hier *vom Sockel nehmen.* — **iudiciorum.** Eine solche Handlung müßte nach ihren eigenen Gesetzen streng bestraft werden. — **spes:** *Aussicht auf Belohnung.* — **metus** hier *Drohungen.* — **interdum.** Ein zweites **interdum** ist bei **dicebant** zu ergänzen. Im Lateinischen ist die Gegenüberstellung durch den Chiasmus gekennzeichnet. — **illud** (signum).

76. remissus: *nachgiebig.* — **senatu** (Segestanorum); s. zu 50, proagorus. — **reclāmāre** *widersprechen.* — **adventu;** s. zu 32. — **onus:** *Lasten.* — **exigere:** *anfordern; einziehen.* — **evocare:** *zu sich entbieten.* — **circum;** s. zu 41. — **forum:** *Gerichtstag.* — **rapiebat:** *er schleppte sie mit,* um sie zu schikanieren. — **fundĭtus** Adv. *von Grund aus.* — **evertere:** *zerstören.* — **aliquando** hier *schließlich.* — **mala:** *Schikanen.* — **locare:** (einen Auftrag) *vergeben.* Der Auftrag wird durch das Gerundivum ausgedrückt.

77. barbaros. Der Westen Siziliens, früher karthagisches Machtgebiet, war nicht völlig hellenisiert. — **operārius** *Arbeiter.* — **etiam:** *sogar noch.* Als Verres sein Amt in Sizilien antrat, waren seit der Zerstörung Karthagos bereits dreiundsiebzig Jahre vergangen! — **nunc** in lebhafter Darstellung von einer vergangenen Zeit gebraucht. — **deos:** rhetorische Übertreibung. — **hoc** wird durch den folgenden a. c. i. erläutert. — **clarus** hier *bekannt.* — **cum exportaretur,** während vorher der Indikativ steht: **cum exportabatur.** — **unguĕre,** ūnxī, ūnctus *salben.* — **unguentum** *Salböl; Salbe.* — **complere** hier *bedecken; überhäufen.* — **tūs,** tūris n. *Weihrauch.* — **odores incensi:** *Räucherwerk.*

79. existimavit effektiv: *er kam auf den Gedanken.* — **in oblivionem venire:** oblivisci. — **locaverunt** (magistratus Segestanorum); s. zu 76. — **locātiō** *Verpachtung;* hier *Auftrag.* — **P. Scipio** als anwesender a d v o c a t u s des Verres gedacht. — **lectissimum;** s. Sprache 6 (amplus). — **officium** hier *Erfüllung einer Pflicht.* — **generi:** dem Hause der Scipionen. — **requīrere** *zurückfordern;* auch *vermissen.* Man hört die Andeutung heraus, daß Scipio seine Pflicht eigentlich schon vernachlässigt habe. — **dēpecūlārī** *rauben.* — **partes** (Plur.) oft *Rolle; Aufgabe.* — **tu aderis?** *du willst beistehen?* s. zu AP 20, absolvitur. — **obstruere** *entgegenbauen.* **monumenta obstruere:** *dem Denkmal das Licht entziehen,* d. h. *es der Sicht entziehen.* — **aliqua ex parte:** (*nur*) *zum Teil.* — **funditus;** s. zu 76.

80. spŏliātor *Räuber.* — **vexator** hier *Schänder.* — **clientes;** s. Einl., Fußn. 17. — **positum ac dedicatum fuit** drückt einen früheren Zustand aus: *es hat gestanden und ist ein Geschenk gewesen.* — **demoliendum;** s. zu 75. — **praedō** *Räuber.*

82. relinquere: *beiseite lassen.* — **ne sit hoc tempore:** *mag jetzt einmal ruhen.*
Bei der Schilderung dieses Falles bemüht sich Cicero, den Frevel des Verres als Verbrechen gegen das Andenken eines römischen Nationalhelden hinzustellen.

2. Tyndaris

84. at . . . violasti sagt Cicero ironisch, um einen möglichen Einwand der Gegner vorwegzunehmen: *Aber natürlich hast du nur dieses eine . . .* — **libidinose:** *mit Willkür.* — **nuper:** actione prima. — **sacra anniversaria:** *ein jährlich wiederkehrendes Fest.* Gemeint sind die Ἕρμαια zu Ehren des Hermes, des Patrons der Gymnastik. — **eos** vom Standpunkt Ciceros statt des zu erwartenden se. — **societatis;** s. zu D 37, sociorum. Tyndaris gehörte nicht zu den „Verbündeten" Roms. — **huius:** Verris. — **primum.** In 85 folgt **iterum.** — **oportet:** *es ist ganz in der Ordnung.*

85. non est perseveratum. Sinn: Er verfolgte die Sache nicht weiter. — **adventu;** s. zu 32. — **proagoro;** s. zu 50. — **ille:** Sopater. — **ad senatum** (Tyndaritanorum). — **reclamatur;** s. zu 76. — **ne multa** (dicam): *kurz.* — **quam . . . narras?** Wir sagen: *Was redest du mir von . . .?* — **virga** *Rute.* — **traditur,** nämlich sofort.

86. in conventu; s. Sprache 6. — **locus superior:** tribūnal; s. zu II 94, tribunal. Daß der Statthalter seine Amtsgewalt so offenkundig zu Erpressungen mißbrauchte, mußte als besonders verwerflich erscheinen. — **hiems summa:** *tiefster Winter.* — **tempestas:** *Wetter.* — **porticus,** -ūs f. *Säulenhalle; Arkade.* — **spoliāre** hier in der Grundbedeutung *entkleiden.* — **stīpāre:** *umdrängen; dicht umgeben.* — **caederet?** ironisch: *er hätte peitschen sollen?* — **usque eo;** s. zu 39. — **accipere** hier *behandeln.* — **equestris statua** *Reiterstandbild.* — **officia:** *Verdienste.* — **domi;** s. zu 16. — **praeditus;** s. zu 72. — **dīvāricāre** *auseinanderbiegen.* Er wurde also rittlings auf das Pferd gesetzt und festgebunden.

87. venit in mentem mihi: *ich empfinde.* — **in aëre.** Manche Erklärer deuten **in aere:** *am Erz.* Diese Deutung ist an sich gut (denn das kalte Erz würde den gefesselten Gliedern die Wärme entziehen), sie paßt aber nicht gut in die von Cicero vermutlich beabsichtigte Steigerung: *freie Luft, Regen, Kälte.* — **imbri** selten statt imbre. — **se ulcīscī** *für sich Rache nehmen.* — **interea,** nämlich bis zu dem Strafgericht der Götter. — **obrigēscere,** -rīguī *erstarren.* — **disposītē:** *an der richtigen Stelle der Gliederung,* da es sich hier um ein mehrfaches Verbrechen handelt. — **si** wie etiamsi. — **opus est** (accusatori). — **artificium:** *Geschicklichkeit* (in der Kennzeichnung). — **quidam** bei einem Adjektiv steigernd: *ganz.*

88. quō pactō *auf welche Weise; wie.* — **pecuniarum** abhängig von **crimen.** — **pecuniae magnae:** *von großem Geldwert.* — **pecūlātus,** -ūs *Unterschlagung; Veruntreuung öffentlichen Eigentums.* — **publicum** eigentlich überflüssig. — **imperatoris:** Scipionis Africani minoris. — **maiestatis:** kurzer Ausdruck für *Verbrechen gegen die Hoheit* des römischen Volkes. — **evertere** eig. *umstoßen; umstürzen.* — **scelus:** *Gottlosigkeit,* nur der Wirkung wegen angeführt; denn gerichtlich konnte dieser Frevel gegen das religiöse Empfinden der Unterworfenen nicht verfolgt werden.

89. Illud vero . . . statua. Ordne: Iam vero quid illud sit — quod in Marcelli statua (factum est) —, non queo dicere; nescio, quo nomine appellem. — **iam vero:** *und erst.*

90. patībulum *Marterwerkzeug;* eigentlich „*Spreize*" (patēre). — **supplicia:** *Strafarten.* — **quid postea?:** *was weiter? was ergibt sich daraus?* — **tandem** in der Frage: *eigentlich.* — **statuis:** Dativ. —

an vero. Sinn: etwas anderes *oder wirklich* . . .? (s. zu D 52). Wir übersetzen **an** mit *doch vermutlich.* — **istius:** Verris. Cicero wendet sich wieder an die Richter. — **propter:** *neben.* — **basi:** s. zu 74. — **dēturbāre** *hinunterwerfen.* — **successum** (esse). Sinn: daß ein Nachfolger für ihn da sei. — **astringere:** *festbinden.* Verres ist gewissermaßen durch das erdrückende Beweismaterial gefesselt.

91. huic. Dieser Marcellus wird als anwesend gedacht. — **sua:** Verris. — **trānslātiō:** *Verschiebung; Abwälzung.* — **commodare:** *leihen; hergeben.* — **mihi:** dat. auctoris. — **praecavēre** (im Passiv trans.) *Vorkehrungen treffen.* — **si maxime:** *wenn im äußersten Falle; selbst wenn.* — **deduxi, deportavi** (Romam).

92. publicae. Man sieht hier wieder, wie wenig eine Übersetzung imstande ist, die Feinheiten des Originals wiederzugeben. Die Wirkung des Satzes, der mit **publicae** beginnt und mit **publico** schließt, wird matt, wenn man in der Übersetzung nicht an beiden Stellen dasselbe Wort oder wenigstens denselben Wortstamm verwendet. Man könnte allenfalls sagen: die *Gemeindeurkunden* und *auf Kosten der Gemeinde.* Beachte, daß im folgenden Satz **publice** steht. — **Messanam.** Dort hatte Verres sein „Sammellager", in dem er seinen Raub einstweilen unterbrachte; vgl. 84. — **dicunt** (litterae). — **lēgāre** *bestimmen; beauftragen.* — **Quid?** Hier beginnt eine fingierte lebhafte Szene: Zwischenrufe des Verres und seiner Freunde wie „*Wo ist er?*", „*Wer ist das?*" werden von Cicero mit ironischen Fragen beantwortet, bevor er die wirkliche Antwort gibt. — **praestō** Adv. *zur Stelle.* — **Sopatri iussu:** ein angefangener Satz, durch Zwischenrufe unterbrochen, fortgesetzt mit **demoliendum curavit.** — **hominem:** Sopatrum. — **demoliendum** (signum); s. zu 75. — **gymnasiarchus** *Vorsteher der Sportschule.* Er hatte die Aufsicht über das Sportgelände, auf dem die Hermesstatue stand. — **nos:** ego. — **nuper:** vor der actio prima. — **istum:** Verrem. Der a. c. i. enthält die Aussage der Zeugen, hängt also von dem folgenden **dixit** ab. — **legatis** (Tyndaritanorum). — **testificātiō** *Beurkundung.* — **tollere:** *beseitigen; streichen.* Man erwartet s u b l a t u m e s s e t. — **cavere:** *Sicherheit geben; garantieren.* — **dixit** (prima actione).

3. Agrigentum

93. quid? s. zu D 45. — **signum;** s. zu 1. — **fĕmur,** -ŏris n. *Oberschenkel.* — **minūtus** *winzig.* — **furtum;** s. zu 6. — **domesticus:** *heimisch.* — **societatis;** s. zu D 37, sociorum. — **requirere:** *vermissen.* — **quaestores:** *Schatzmeister,* **aediles:** *Polizeichefs,* Behörden einer Provinzstadt. — **vigilias agere:** *Wachtdienst halten lassen.* — **virtus:** *mutige Haltung.* — **fortis:** *energisch; tüchtig.* — **negōtiārī** *Handel treiben.*

94. in istis rebus etwas abfällig; s. zu II 87, ut putant. — **usque eo**; s. zu 39. Dazu gehört natürlich nicht **pulchrius**, sondern dem Sinne nach **sanctum et religiosum.** — **rīctum** *Mund.* — **mentum** *Kinn.* — **paulo attritior:** *ziemlich abgescheuert.* — **gratulationibus:** s. zu 74. — **nox intempesta:** *tiefe Nacht.* — **vĭgil, -ĭlis** *Nachtwächter; Polizist.* — **mulcāre** *prügeln.* — **clāva** *Knüppel; Keule.* — **fūstis, -is** m. *Stock.* — **convellere:** *losreißen.* — **repāgulum** *Riegel.* — **valvae** *die Torflügel.* — **demoliri;** s. zu 75. — **vectis, -is** m. *Hebebaum.* — **labefactāre** *zum Gleiten bringen.* — **percrebruit;** s. zu 68. — **expūgnāre** „*erkämpfen*", also hier *rauben.* — **cohorte praetoria;** s. zu II 17. — **fugitīvus** *entlaufener Sklave;* als Schimpfwort: *Strolch.*

95. nulla ex parte: *an keiner Stelle; überhaupt nicht.* — **labāre** *wanken.* — **omnibus membris** (signi); abl. limitationis. — **fūnis, -is** m. *Seil.* — **lapidātiō** *Werfen mit Steinen.* — **sigillum** *Statuette.* — **inanes;** s. zu 65. — **male est:** *es geht schlecht.* — **facētus** *witzig.* — **commodus** *angemessen;* hier *treffend.* — **verrēs, -is** m. *Schwein.* Sehr anzüglich! — **ăper, -prī** *wilder Eber.* — **referre:** *eintragen; einschreiben.*

4. Catina

99. etiam: *auch noch.* — **polluere** *beflecken;* auch *entweihen.* — **non modo;** s. zu III 14. — **sacrārium** *Kapelle.* — **religione;** s. Sprache 6. — **signum;** s. zu 1. — **esse,** d. h. *von seiner Existenz.* — **sacra:** *Kulthandlungen; Gottesdienst; Kult.* — **sacerdotes:** *Priesterinnen.* — **antistĭta** *Tempelhüterin.* — **denique** steigernd: *ja sogar.*

100. ille oft *der erwähnte.* — **atrocitas:** *furchtbare Wirkung.* — **negotium:** *Sache; Affäre.* — **prōcrāstināre** *aufschieben.* — **nomen defertur;** s. Einl. 13. — **dare:** *aufstellen.* — **senatus;** s. zu 50, proagorus. — **quae esset** mit konzessivem Sinn. — **hunc:** Verrem.

101. manus afferre c. dat.: *die Hände legen an.* — **cohibere:** *fernhalten.* — **tametsi:** *freilich.* — **oculis.** Sinn: Wenn ein Kunstliebhaber ein vollendetes Kunstwerk sieht und dann den Wunsch hegt, es zu besitzen, so ist das verständlich. Aber wenn man es nicht gesehen hat . . . — **fraus:** *Frevel.* — **adamāre** *liebgewinnen.* — **existimatio;** s. Sprache 6.

102. at ironisch: *aber . . . doch gewiß.* — **qui id potes? quī** Adv. *wie.* — **pudīcus** *ehrbar; tugendhaft.* — **rationem;** s. Sprache 6. — **sacra;** s. zu 99. — **castimōnia** *Reinheit.* — **stŭprum** *Unzucht; unsittliche Handlung.*

Dem Tempeldiebstahl weiß Cicero durch Hervorhebung dreier Momente eine ganz besondere Note zu geben: erstens handelt es sich um einen Tempel, den Männer überhaupt nicht betreten dürfen; zweitens kann Verres sich Zutritt nur verschafft haben durch ein leichtfertiges Liebesabenteuer mit einer Frau, die die Örtlichkeit kannte, also wohl einer Tempeldienerin oder gar einer Priesterin; drittens hat Verres versucht, einen unbeteiligten Sklaven als angeblich Schuldigen bestrafen zu lassen.

5. Henna

105. **mihi videor:** *ich glaube.* — **reficite vos** (a satietate). — **religione;** s. Sprache 6. — **commemorare:** *schildern.* — **altius ordiri ac repetere:** *weiter ausholen und eingehender zurückgreifen auf.* — **memoria:** *Geschichte.* — **perstringere:** *nur streifen.* — Diese Einleitung zum folgenden Abschnitt soll die Spannung steigern. Es wird ja ein Verbrechen angekündigt, das „die ganze Provinz" betroffen hat!

106. **constare ex:** *sich gründen auf.* — **litterae ac monumenta:** *Literatur und Kunstdenkmäler* (Tempel, Bildwerke, Münzen) oder als Hendiadyoin: *Literaturdenkmäler.* — **ita persuasum est:** *sie sind so fest davon überzeugt*, eine Steigerung gegenüber **sic arbitrantur.** — **fruges:** *Ackerbau.* — **eandem:** *auch.* — **umbilīcus** *Nabel.* — **taeda** *Fackel.*

107. **perexcelsus** *sehr hoch.* — **aequata planities.** Gemeint ist eine Hochebene. — **tota** (planities). — **circumcisus:** *ringsum abschüssig.* — **dīrēctus** *steil abfallend.* — **quam circa:** *überall auf ihr.* — **laetissimus:** *farbenprächtig.* — **declarare:** *deutlich machen.* Die Landschaft von Henna paßt zu den Schilderungen, die die Mythen vom Raub der Persephone (Proserpina) enthalten. — **penetrāre** *eindringen.* — **anniversārius** *jedes Jahr wiederkehrend.* — **incūnābula, -ōrum** *Windeln*; auch *Wiege.* — **deorum:** *der Gottheiten.* — **quaedam;** s. zu 87, quidam. — **prōdĭgium** *Wunder.* — **praesens:** *sofortig* und *wirksam.* — **offerri:** *sich zeigen.*

108. **sacra:** der Demeterkult von Eleusis. — **expetere:** (Feste) *besuchen.* — **illo;** s. zu 100. — **fruges;** s. zu 106. — **convĕnit:** *es gehört sich.* — **atrox:** *schlimm.* — **ostentum** *Wunderzeichen.* — **portendere** *ankündigen.* Nach unserer Auffassung wird die Gefahr selbst angekündigt, nicht die Furcht vor Gefahr. — **adire ad** inspicere. — **amplissimo;** s. Sprache 6. — **collegio.** Die decemviri sacris faciundis waren ein Priesterkollegium, das die Sibyllinischen Bücher auszulegen und die von den Büchern angeordneten Kulthandlungen zu besorgen hatte. Seit Sulla hatte das Kollegium fünfzehn Mitglieder.

109. **obtundere** *stumpf machen;* hier etwa *lästig fallen; langweilig werden.* — **alienus:** *abweichend.* — **hoc:** *nur das eine.* — **princeps:**

Begründerin. — **sacrorum** (Cereris). — **peramplus** *übergroß.* — **non ita:** *nicht gerade; nicht eben.* — **opus:** (*künstlerische*) *Arbeit.* — **facibus;** s. zu 74 (vgl. 106, taedas).

110. prōpatulus *vorn offen;* daher *leicht zugänglich.* — **dēmōlītiō;** s. zu 75, demoliri. — **insistere** *darauf stehen.* — **grande.** Das große Bildwerk mußte natürlich im Verhältnis zu der monumentalen Demeterfigur klein wirken. — **qui animus est ?:** *wie muß zumute sein?* — **tandem;** s. zu 90. — **venit mihi in mentem** c. gen.: *ich erinnere mich an.* — **praesto mihi sunt:** *sie erscheinen vor mir;* s. zu 92. — **īnfula** *Kopfbinde* der Priester. — **verbēna** *Zweig,* besonders Lorbeer- und Ölzweig.

111. decumarum imperia: (*willkürliche*) *Auferlegung des Getreidezehnten;* vgl. III 13 ff. — **bonorum:** Neutr. Plural. — **importūnus** *ungünstig;* hier *rücksichtslos.* — **neglegere:** *als unwichtig ansehen.* — **accola,** -ae m. *Anwohner; Nachbar.* **accolae Cereris:** Menschen, die im oder am Tempelbezirk wohnten und im Dienste der Demeter standen. — **antistĕs,** -stĭtis *Tempelhüter;* vgl. 99, antistita.

114. vāstitās *Wildnis.* — **arātor** *Bauer; Landwirt.* — **relictus:** *herrenlos.* — **cultus** *Anbau.* — **externa.** Sinn: Bei diesem religiösen Empfinden handelt es sich ja nicht um eine auswärtige Angelegenheit. — **quodsi esset** (aliena). — **suscipere:** *sich zu eigen machen.* — **sancire:** *als unantastbar anerkennen.*

115. sacra: *Kulte.* — **asciscere,** -scīvī, -scītus *herbeiholen;* auch *übernehmen.* — **erant re vera** (Graeca). Beim Cereskult in Rom wirkten griechische Priester mit. — **dissolutus:** *gleichgültig; leichtfertig.* — **si** wie etiamsi. **qui;** s. zu 10?

Die Bedeutung des Sakrilegs von Henna — so sagt Cicero — geht weit über die der sonstigen Heiligtumsschändungen hinaus, denn Verres hat sich gegen Demeter-Ceres versündigt, die gefeierteste Gottheit Siziliens, und die Folge seines Frevels ist der sichtbare Niedergang der sizilischen Landwirtschaft, wenigstens nach der Auffassung der Sizilier! Cicero greift damit das Thema der dritten Rede noch einmal auf, rückt es aber in ein anderes Licht.

6. Syrakus

etiam; s. zu 99. — **commemorabo;** s. zu 105. — **in medium proferre:** *ans Tageslicht bringen.* — **aliquando:** *endlich einmal; endlich.* — **huius generis,** d. h. soweit die Rede von geraubten Kunstwerken handelt. — **definire:** *zu Ende bringen.*

117. munitus: *gesichert.* — **praeclaro** gehört zu **situ.** — **aedificatio:** *die bebauten Teile* der Stadt. — **amplexus,** -ūs *Umarmung.*

Sinn: Sie werden von Teilen der Stadt umfaßt. — **exitus:** *das Ende* der Häfen nach der Landseite hin. — **mare:** *Wasserstraße.* — **adiungitur et continetur,** nämlich mit dem Festland; s. Sprache 4b.

118. ōstium *Mündung; Zugang;* hier dasselbe wie **aditus.** — **proiecta est:** *ist vorgelagert.* — **praetores:** propraetores. — **uti,** nämlich als Amtssitz. — **extrema:** im Südwesten der Insula. — **munitio ac moles:** *ein starker Damm.*

119. porticus; s. zu 86. — **prytanīum** (πρυτανεῖον) *Stadthaus.* — **urbis:** Achradinae. — **via transversa:** *Querstraße.* — **contineri:** *eingenommen werden.* — **colere:** (mit Häusern) *bebauen.* — **coaedificare:** *daran bauen.* — **quam ad summam:** *an deren höchstgelegenem Teil.* — **maximum.** Das Theater von Syrakus war eins der größten des Altertums.

120. haec: die Ausführungen über Syrakus. — **hoc** weist auf die folgenden Infinitive hin. — **publicis privatis;** s. Sprache 3d. — **in ornatu:** *was die Kunstwerke betraf.* — **rationem;** s. Sprache 6. — **victoriae.** Er machte von dem Recht des Siegers Gebrauch. — **quam:** cum eam.

121. in aedibus, in hortis (suis!). — **suburbānum** *Gut in der Nähe der Stadt.* Wie Cicero an anderer Stelle bemerkt, hat Marcellus aus der gesamten Siegesbeute nur ein Planetarium des Archimedes für sich genommen (Cic., De re publ. I 21). — **non ut . . . comparetis, sed ut . . . conferatis.** Für Syrakus waren **bellum, vis, ferrum, arma, exercitus, victoria** (Romanorum) viel erträglicher als das, was man unter Verres als **pax, leges** und dergleichen kennenlernte. — **forum** bildlich: *Gerechtigkeit.* — **adventus et comitatus:** *Besuch mit Gefolge.*

122. tamen: *immerhin auch.* — **retinere:** *wahren; achten.* — **vexare:** *heimsuchen.* — **tabulis;** s. Sprache 6. — **vestiri:** *bedeckt sein.* — **profanum** (s. zu 2) **facere:** *zu profanem Gut machen.* Aus einer gewissen Scheu vor dem Zorn fremder Götter ließen römische Heerführer vor dem Sturm auf eine feindliche Stadt manchmal die Schutzgötter der Stadt unter feierlichen Zeremonien herausrufen. Damit verloren die Tempel und Tempelschätze der Stadt ihren heiligen Charakter. — **illa** (hinter eum): omnia (profana). — **fidēlitās** *Treue; Zuverlässigkeit.* — **sacra** prädikativ; s. zu 71. — **religiosa;** s. Sprache 6. In der langen Friedenszeit nach der Eroberung sind die Kultstätten und Kultgegenstände wieder heilig geworden, und als solche hat Verres sie bei seinem Amtsantritt vorgefunden und übernommen **(accepisset).**

124. valvis; s. zu 94. — **ornare:** (mit Worten) *ausmalen.* — **quod** weist auf den folgenden a. c. i. hin. — **cupidus:** *leidenschaftlich;*

fanatisch. — **primarios**; s. zu 33. — **conscius** c. dat.: *Zeuge für.* — **liquidō** Adv. *bestimmt.* — **Graeci** (scriptores). — **efferre:** *rühmen.* — **esto:** *mag sein!* — **illis:** Graecis. — **argumentum:** *Objekt* künstlerischer Darstellung und auch die *Darstellung* selbst. — **anguis, -is** *Schlange.* — **revellere** *abreißen.* — **et tamen:** *aber . . . doch.* — **indicavit,** nämlich durch sein Verhalten. — **duci:** *sich bestimmen lassen.* — **bulla** *Buckel.* — **opere**; s. zu 109. — **eiusmodi** prädikativ: *in solchem Zustand.*

127. **quid?** s. zu D 45.

128. **anniversariis**; s. zu 107. — **ŏlĕum** *Öl.*

129. **in suo templo** zum Unterschied von Paian und Aristaios, deren Standbilder in den Tempeln anderer Götter standen. — **conicere:** *vermuten; sich vorstellen.* — **fuerit.** Dieses Standbild war beim Brande des Jupitertempels im Jahre 83 vernichtet worden. — **species:** *Aussehen.* — **ferebantur:** dicebantur. — **uno in genere:** *in derselben Art.* — **os et angustiae:** *enge Einfahrt.* Der Zeustempel mit der erwähnten Statue stand bei Chalkedon. — **ita . . . ut.** Wir sagen dafür: *zwar . . . aber.*

130. **tam multa.** Gemeint sind besonders die Kriege gegen Mithradates. — **emerserint.** Das Bild des aus dem Meere „auftauchenden" Krieges ist uns fremd. Kühn ist für uns auch der Ausdruck **in Pontum invecta sint.** — **religioni concedere:** *seiner heiligen Bestimmung überlassen.* — **advĕna:** *fremder Reisender.*

131. **saepius:** *immer wieder; noch einmal.* — **sic habere** umgangssprachlich: *davon überzeugt sein.* — **plures deos:** Übertreibung. — **ille:** Marcellus (der zwar zuletzt genannt worden ist, aber zeitlich ferner steht). — **requirere:** *suchen lassen.* — **disciplina:** *Wissenschaft; Gelehrsamkeit.* — **quem cum:** et cum eum. — **iam:** *und weiter.* — **ideo:** *eben deshalb.* — **crātēr,** -ēris m. (griech. Akk. Plur. cratērăs) *Mischkessel.* — **vis:** *Menge.*

132. **hospites:** *Fremde.* — **illi:** Siculi. — **mystagōgus** (μυσταγωγός) *Einführer in die Mysterien;* verallgemeinert: *Fremdenführer.* — **conversam** *umgekehrt,* d. h. dem sonstigen Brauch zuwider. — **iam:** *jetzt.* — **quid tum?:** *was folgt daraus? nun?* — **mediocris** hier *gering.* — **tandem**; s. zu 90. — **ornatus:** *Pracht.* — **nimiō opere** Adv. *allzusehr,* nämlich mehr als uns Römer. — **audire,** nämlich auch jetzt noch. — **per hosce annos:** *in den letzten Jahren.* — **calamitates:** *Leiden.*

133. **licet**; s. zu 35.

134. **si qui** wie si quis. — **surripere:** *entwenden.* — **tabulas**; s. Sprache 6. — **et:** *und zwar.* — **abaliēnāre** *entfremden;* hier *dem*

Zweck entziehen; veräußern. — **imperio** instrumental. — **vectigales** und **stipendiarii** waren Untertanen Roms, während die **socii** — wenigstens in der Theorie — unabhängig waren. **vectīgālēs** *Abgabepflichtige* waren Völker und Gemeinden, die Abgaben „von steuerbaren Gegenständen" (z. B. den Getreidezehnten, Weidegelder, Hafenzölle) entrichten mußten; die **stipendiārii** hatten regelmäßigen Tribut in bestimmter Höhe zu bezahlen.

Im Anfang dieser Rede schildert Cicero, wie sich Verres in Messana die Kunstschätze des Hejus aneignete. Den Schluß bildet ein Bericht über die Ausplünderung von Syrakus. Messana und Syrakus bilden gewissermaßen den Rahmen, in den sich die Darstellung ähnlicher Vergehen des Verres einfügt. Diese Anordnung des Stoffes hat ihren Sinn. Messana und Syrakus waren die beiden Städte, die zu Verres verhältnismäßig gute Beziehungen gehabt und die sich der allgemeinen Beschwerde der sizilischen Städte nicht angeschlossen hatten (s. Einl. 10). Wer nun aus Ciceros Ausführungen erfährt, wie rücksichtslos Verres sogar in diesen beiden Städten auftrat, muß den Schluß ziehen, daß er in anderen Städten wahrscheinlich noch weit härter vorgegangen sei und viel mehr Verbrechen begangen habe, als Cicero aufdecken und schildern konnte. Besonders ausführlich sind die Abschnitte, die von Syrakus handeln. Und da sie am Ende der Rede stehen, müssen sie fest im Gedächtnis des Lesers wurzeln.

V.

DE SUPPLICIIS

Die Überschrift ist wenig zutreffend, da nur Teile der Rede von der Strafjustiz handeln und da ferner von Willkürurteilen des Verres auch schon in den früheren Reden berichtet wurde.

Sizilien und der Spartacus-Aufstand

1. sacrum ist, was den Göttern geweiht ist und daher ihnen gehört. — **et privatim et publice:** „quae et privatorum et civitatum erant". — **versari in:** *sich befassen mit.* — **religione;** s. Sprache 6. — **verum** oft = sed. — **fūrārī** *stehlen.* — **quidam** bei einem Adjektiv steigernd: *ganz.* — **defensio:** *Art der Verteidigung.* — **cui** (defensioni). — **multo ante,** nämlich bevor ich rede. Im Deutschen nur *zuvor.* — **causa constituitur:** *die Sache wird hingestellt,* nämlich von Verres und seinen Freunden. — **istius;** s. zu AP 3. — **formīdolōsus** *furchtbar.* — **fugitīvus** *der entlaufene Sklave.*

5. an (s. zu D 52). Sinn: Hast du etwas anderes vorzubringen *oder behauptest du . . .?* Wir übersetzen **an** mit *doch wohl; doch vermutlich.* — **oratio:** *Erklärung.* — **sed tamen** (interrogo). — **illud bellum:** der letzte Sklavenaufstand in Sizilien (104—100). — **at in Italia fuit:** fingierter Einwand der Gegner. Gemeint ist der Spartacus-Aufstand (73—71). — **mihi gloria communicata est:** *ich habe teil an dem Ruhm.* — **hoc etiam deest:** *das fehlte gerade noch.* — **vidēlĭcet** Adv. *offenbar; versteht sich* (hier ironisch). — **qua ex parte?:** *inwiefern?* — **freto** (s. zu II 21) instrumental. Wir sagen: *über . . .* — **non tantopere.** Sinn: Crassus hätte, um dieses Unternehmen zu verhindern, nicht so viele Mühe aufzuwenden brauchen, wenn . . . — **si putarentur:** *wenn man hätte glauben dürfen, daß.* — **ad adventum:** *für den Fall einer Landung.*

6. quid mirum?: *was ist daran auffallend?* — **fuit** (bellum fugitivorum). — **eodem intervallo.** Sinn: Die Entfernung von Sizilien nach Italien ist die gleiche wie umgekehrt. Der Sklavenaufstand in Sizilien hat ja auch nicht nach Italien hinübergegriffen. Daß der Spartacus-Aufstand sich nicht von Italien auf Sizilien ausgedehnt hat, braucht also gar kein Verdienst des Verres zu sein!

7. contāgiō *Berührung;* hier *Gefahr des Übergreifens.* — **ista:** die von Verres und seinen Freunden angeführte. — **an.** Sinn: aus einem anderen Grunde *oder weil . . .?* Im übrigen s. zu D 52. — **decessit,** nämlich nach der Niederwerfung des Sklavenaufstandes in Sizilien; s. zu D 2. — **instituta:** *Anordnungen; Maßnahmen.* — **praetorum:** propraetorum.

Sizilien und die Seeräubergefahr

42. nihil . . . laudis adeptus est. Bemerkungen römischer Historiker deuten darauf hin, daß die Anhänger des Spartacus doch versucht hätten, nach Sizilien überzusetzen, und daß Verres sich mit Erfolg bemüht habe, Sizilien gegen einen Angriff zu sichern. Cicero hat in dieser Beziehung doch vielleicht zu scharf über Verres geurteilt (s. Einl. 10, Ende). — **at vero:** *aber jedenfalls.* Damit wird ein fingierter Einwand eingeleitet. — **ornatus:** *gut ausgerüstet.* — **itaque:** *und insofern.* — **ut confirmem:** *daß ich versichern kann.* — **maiestatis;** s. zu IV 88. — **libido:** *Willkür.*

1. Die „Sorge“ des Verres für die Verteidigung Siziliens

43. administratam (a Verre). — **classis nomine:** *angeblich für die Flotte.* — **quaerere:** *anfordern.* — **litteris;** s. Sprache 6.

44. cybaeus *tonnenähnlich.* **navis cybaea:** *Frachtschiff.* — **instar** n. (undeklinierbar) *gleiche Größe und Gestalt; Abbild;* hier *von gleicher Größe wie.* — **sumptu publico:** *auf Kosten der Stadt* Messana. — **tuo nomine:** *auf deinen Namen; für dich.* — **senatum;** s. zu IV 50, proagorus. — **ex praeda esse:** *zur Beute gehören.* **praeda** umfaßt alles, was Verres zusammengerafft hat. — **decederet** (Sicilia); s. zu D 2. — **et iis:** *und zwar mit solchen.* — **fūrtum** *Diebstahl,* überhaupt *Vergehen gegen fremdes Eigentum;* auch *Diebesgut.* — **prospectare:** *hindeuten auf.* — **fuga:** *Weg in die Verbannung.* Cicero will sagen, daß Verres zu der erwähnten Zeit schon Vorsorge getroffen hatte für den Fall, daß . . .

45. nisi forte (respondebis): *wenn nicht etwa; ausgenommen etwa.* — **necesse est.** Die Ausrede, daß die Gegenstände gekauft, also bezahlt worden seien, war vermutlich in jedem Repetundenprozeß zu hören. Deshalb muß sie auch in diesem Falle vorgebracht werden.

47. hoc: *diese Ausrede.* — **tollere:** *entkräften; unmöglich machen.* — **laudationem;** s. Einl., Fußnote 16. — **publice;** vgl. 44.

59. exigere: *fordern; stellen lassen.* — **spŏliāre** *ausplündern.* — **spŏlium** *Beute; Raub.*

60. rationem; s. Sprache 6. — **sumptus:** *Unterhaltungskosten.* — **stipendium** *Sold; Löhnung.* — **nauarchus** *Kapitän.* — **committere:** *sich (der Möglichkeit) aussetzen.* — **rationes;** s. Sprache 6. — **in negotio versari:** *eine Tätigkeit ausüben.* — **periculo suo,** nämlich zur Verantwortung gezogen zu werden. — **factitāre** (*gewöhnlich*) *tun.* — **socii et Latini:** alte formelhafte Bezeichnung der unter Roms Hoheit stehenden Völker Italiens, unter denen die latinischen Gemeinden eine bevorzugte Stellung einnahmen. — **tum:** zu der Zeit, als sie noch nicht das römische Bürgerrecht hatten. — **post imperium constitutum:** *seit der Begründung des Weltreiches.* — **adnumerāre** *auszahlen.* — **tractare:** *verwalten.*

61. crimen: *Möglichkeit, beschuldigt zu werden;* dementsprechend **suspicio.** — **quaestūs:** *Erwerbsarten,* näher bestimmt durch **accipere** und die folgenden Infinitive. — **genus navale:** *Zweig des Seewesens.* — **ne darent:** *dafür, daß sie nicht zu stellen brauchten.* — **missum facere:** *entlassen; beurlauben.* — **lŭcrari:** *für sich behalten; einstecken.* — **reliquis:** den Seeleuten, die er im Dienst behielt. — Für die Verteidigung zur See mußten die Seestädte Siziliens nach Anordnung des Statthalters Schiffe und Bemannung stellen. Daß Verres die Verwaltung der von den Städten für Verpflegung und Besoldung der Seeleute gezahlten Gelder den Kapitänen abnahm und in e i n e Hand legte, wäre eine vernünftige Maßnahme gewesen, wenn Verres dabei wirklich die korrekte Verwaltung des Geldes und die Erhaltung einer kampftüchtigen Flotte angestrebt hätte.

2. Willkürjustiz bei der Bestrafung gefangener Seeräuber

63. nomine classis *eine Flotte, die nur dem Namen nach eine Flotte ist.* — **inanis:** *unbemannt.* — **semiplenus:** *halbbemannt.* — **refertus** *vollgestopft.* — **ceperunt** (vi et armis). — **captam atque depressam.** Das Schiff war infolge der Belastung gehemmt **(capta),** da es zu tief im Wasser lag. — **iuventus:** *junge Leute.* — **argentum factum:** *verarbeitetes Silber; Silbergerät.* — **signatus:** *geprägt.* — **strāgŭlus** *zum Ausbreiten geeignet.* **vestis** kollektiv: *Textilwaren.* **stragula vestis:** *Teppiche.* — **inventa** geringschätzig wie vorher **abduxerunt.** — **acta,** -ae (ἀκτή) *Strand.* — **muliercula** verächtlich: *Dämchen.* — **ēbrius** *betrunken.* — **quaestori:** Caesetio. — **legato:** Tadio. — **custodes,** nämlich Leute aus seiner c o h o r s p r a e t o r i a (s. zu II 17). — **exhibere:** *überbringen; übergeben.*

64. quasi mit abl. abs. wie ὡς mit gen. abs. — **advecta** (casu). — **fōrma:** *Schönheit.* — **aetas:** (*jugendliches*) *Alter.* — **artificium:** *Kunstfertigkeit; Geschicklichkeit.* — **abducit,** nämlich als Sklaven. — **cohorti** (praetoriae). — **symphōniăcus** *musikkundig.* — **exinānīre** *leeren;* also *entladen.* — **archipīrāta** „*Erzpirat*"; *Piratenkapitän.* —

supplicium sumere de: *die Strafe vollziehen an.* Für Seeräuber kam nur die Todesstrafe in Betracht. — **sic habere** umgangssprachlich: *davon überzeugt sein.* — **quid eius est?:** *was von dem ist wirklich? was ist daran?* — **coniectūra** *Vermutung.* **coniectura assequi:** *erschließen.*

65. conventu; s. Sprache 6. — **cruciātus,** -ūs *Marter.* — **pāscĕre,** pāvi, pāstus trans. *weiden;* hier bildlich wie im Deutschen. — **exsaturāre** *völlig sättigen.*

68. age porrō: *nun weiter!* — **lautŭmiae** *Steinbrüche.* Die Steinbrüche von Syrakus dienten schon seit Jahrhunderten als Gefängnisse. — **dēpressus** *abfallend.* — **pĕnītus** Adv. *innen.* — **excīdere** *aushauen;* hier *aushöhlen.* — **imperantur** konstruiert wie iubentur.

69. cives Romanos. Römische Bürger unterstanden in den Provinzen der Zivilgerichtsbarkeit des Statthalters. In der Strafgerichtsbarkeit waren die Befugnisse des Statthalters gegenüber römischen Bürgern beschränkt. Keinesfalls war er berechtigt, Prügelstrafe, Freiheitsstrafe oder gar Todesstrafe über Römer zu verhängen. Im Zweifelsfalle konnte ein römischer Bürger Aburteilung in Rom verlangen. Diese Bestimmungen wurden freilich von den Statthaltern nicht immer beachtet. — **subditīvus** *untergeschoben.* Cicero deutet auch hier wieder an, daß Verres den echten Piratenkapitän freigelassen habe, natürlich gegen entsprechendes Lösegeld. — **āmandāre** *entfernen.* — **video:** *ich verstehe!* — **tamen:** *immerhin.* — **refōrmīdāre** *fürchten.* Sinn: Er hatte also doch kein so schlechtes Gewissen, daß er sich etwa gescheut hätte, den Gefangenen in einer Seestadt einzukerkern! — **audio:** *das läßt sich hören!* — **si minus . . . at maxime** (das ist die normale Wortstellung): *wenn schon nicht . . ., dann aber doch in erster Linie.* — **ne . . . quidem:** *auch . . . nicht.*

70. suspicione. Cicero will sagen, daß die arglosen Menschen in Centuripae nicht imstande waren, einen falschen Piraten von einem echten zu unterscheiden. — **summi aratores:** „*waschechte*" *Bauern.* Zu Ciceros Übertreibungen s. EN, Centuripae; s. auch zu 83. — **praetore;** s. zu 7. — **Apronium.** Centuripae war civitas immunis ac libera (s. zu III 13) und daher nicht zehntpflichtig. Wenn also die Landwirte aus Centuripae den Zehntpächter Apronius so gefürchtet haben, dann wohl solche, die auch Grund und Boden in zehntpflichtigen Gemeinden besaßen. Vielleicht liegt auch nur rhetorische Übertreibung vor. — **suppositus** wie subditivus 69. — **adhibere:** *behandeln.*

71. humanus: *gebildet; klug.* — **rationem;** s. Sprache 6. — **conicere:** *erschließen; errechnen.* — **universos,** also *auf einmal.* —

pālus *Pfahl.* — **producere,** nämlich zur Hinrichtung. — **rationem** und **numerum** ohne wesentlichen Unterschied.

72. substituere und **supponere:** *an die Stelle setzen; unterschieben.* — **mercaturam facere:** *Handel treiben.* — **sua voluntate:** *freiwillig.* — **obvolvere** *verhüllen.*

73. myŏpărō, -ōnis m. *Kaperschiff.* — **piratico:** entbehrlicher Zusatz. — **symphoniaci;** s. zu 64. — **domum** (Verris). — **hostilem in modum:** *als wenn sie Feinde wären.* — **crŭciāre** *kreuzigen;* auch *martern.* — **vestis;** s. zu 63. — **avertere:** *unterschlagen.*

3. Sieg der Seeräuber über sizilische Schiffe

80. mancĭpium *Kauf;* übertragen: *Sklave.* — **milites** hier *Seesoldaten.* — **revocare:** *wieder einberufen.* — **obire:** *besuchen.* — **concursare:** *herumreisen.* — **libidines:** *Genußsucht.* — **tabernāculum** *Zelt; Laube.* — **carbăsĕus** *aus feiner Leinwand.* — **intentus:** *bespannt.* — **propter** bisweilen = prope. — **introitum atque ostium;** vgl. IV 117. — **arbiter:** *kritischer Beobachter.*

81. muliebris hier *mit Frauen.* — **praetextatus:** *noch nicht erwachsen.* Die toga praetexta, die mit Purpurrand versehene Toga, durfte außer den Magistraten und etlichen Priestern kein römischer Bürger tragen. Es war aber üblich, daß Senatoren- und Rittersöhne, bevor sie erwachsen waren, eine Praetexta trugen.

82. făciēs *Gestalt; Gesicht;* auch *Aussehen; Schönheit.* — **vir:** *Ehemann.* — **huius:** Verris. — **libido:** *Leidenschaft.* — **adversari:** *sich in den Weg stellen.* — **ea:** *derartig.* Man erwartet einen anschließenden Konsekutivsatz. Im Deutschen einfach: *trotz der euch bekannten Unverschämtheit.* — **părum:** *nicht ganz.* — **animo soluto ac libero:** *ungeniert und ohne Hemmungen.* — **acta;** s. zu 63. — **singularem.** Normalerweise wurde eine Flotte, die von verbündeten und unterworfenen Gemeinden gestellt wurde, von einem römischen Legaten kommandiert. — **ablēgāre** *wegschicken.* — **tamquam.** Daß Nike verheiratet war, bedeutete für Verres kein Hindernis. Deshalb war ihm Kleomenes als Ehemann der Nike nicht lästig, wohl aber als Rivale. — **si removisset;** direkt: si removero.

83. occupatio c. gen.: *Beschäftigung mit.* — **ubi** (erant)? — **praefecti;** s. zu II 17. — **quid civitates?:** *wie stand es mit den Gemeinden?* — **Centuripina.** Wenn Cicero im Ernst sagen will, daß ein Mann aus Centuripae besser zum Admiral getaugt hätte als ein Syrakuser, so wirkt das recht sonderbar. Denn noch in 70 hat er die Menschen von Centuripae als richtige „Landratten" hingestellt, die nie mit Seeräubern in Berührung gekommen seien und die einen echten Piraten nicht von einem unechten unterscheiden könnten. Wäre die Rede wirklich gehalten worden, so hätte der Verteidiger eine gute Gelegenheit gehabt, über die Widersprüche in Ciceros Ausführungen zu witzeln. — **officia:** *Pflichterfüllung.* — **fide;** s. Sprache 6. — **vetustas:** *hohes Alter.* Der Sage nach stammten die Einwohner von Segesta von den Troern des Aeneas ab; vgl. IV 72. — **cognatione** bezieht sich nur auf **Segestana civitas.** — **attingere:** *eng verbunden sein mit.*

84. quid?: *was sind das für Verhältnisse!* — **honos** c. gen.: *die der . . . gebührende Ehre.* — **aequitas:** *Gerechtigkeit.* — **ecquod in Sicilia bellum . . . uteremur:** Übertreibung. — **civitatis:** Syracusarum. — **referre ad:** *beziehen auf.* Sinn: Das soll nur ein Hinweis auf frühere Geschehnisse sein, aber keine . . . bedeuten. Übrigens hat Cicero in IV 122 die **diuturna fidelitas** der Syrakuser betont! — **hodie:** *noch heute.* — **vel:** *sogar; schon.* — **altum:** *die hohe See; das offene Meer.* — **claustra,** -ōrum *Riegel.* Wortspiel: **excluserant / claustra.**

85. interest *es besteht ein Unterschied.* — **libidinem;** s. zu 42. — **consilium:** *Überlegung; Einsicht.* — **urbis suae.** Das Possessivum bezieht sich auf **quibus.** — **quibus . . . ademerunt, iis . . . dedisti:** wirkungsvolle Antithese, ebenso: **Syracusani nobis . . ., eos Syracusano . . .** Um der Antithese willen übertreibt Cicero kräftig. In Wirklichkeit waren die römischen Legionen bei der Eroberung von Syrakus wohl kaum auf tatkräftige Hilfe ihrer sizilischen Verbündeten angewiesen. — **dicto audiens sum:** *ich gehorche unbedingt; ich bin untertan.*

86. quadrirēmis, -is f. *Vierdecker,* ein Kriegsschiff mit vier Ruderreihen an jeder Seite. — **in speciem:** *für das Auge.* — **dimissio** *Entlassung;* hier *Beurlaubung* (vgl. 61). — **propugnator:** *Seesoldat.* — **sŏlea** *Sandale.* **soleātus** *mit Sandalen versehen.* Ein Römer von Rang und Stand trug in der Öffentlichkeit calcei (*Schuhe,* die den ganzen Fuß bedeckten); Sandalen wurden nur im Hause getragen, gewissermaßen als Pantoffeln. — **pallium** (griechischer) *Mantel.* — **tālāris** *bis auf die Fußknöchel* **(tālus)** *reichend.* Eine Tunika von solcher Länge zu tragen galt als weibisch; auch das Pallium war kein Kleidungsstück, mit dem sich ein Magistrat und Senator in der Öffentlichkeit zeigte. — **muliercula;** s. zu 63. Cicero malt mit Behagen die groteske Situation aus: ein römischer Statthalter zeigt sich in einem unmöglichen Kostüm und als Mittelpunkt eines „Damen-Camping" den Kapitänen und Mannschaften der Flotte!

87. denique. Die Entfernung von Syrakus nach Pachynum betrug etwa 60 km. — **coacti fame:** Grund für das Schneckentempo. — **palma agrestis** *wilde Palme; Zwergpalme.* — **perditus:** *heruntergekommen.* — **luxuria, nequitia:** abl. limitationis. **nēquĭtia** *Nichtsnutzigkeit; Schlechtigkeit.* — **similiter** (atque Verres). — **perpōtāre** *durchzechen.* — **ebrio;** s. zu 63. — **ēsurīre** *hungern.* — **quod erat** (ibi). — **praesidium:** *Stützpunkt.* — **re** (vera). — **nomine;** s. zu 63, nomine classis. — **erant reliqui:** *sie waren noch da.*

88. **princeps** prädikativ. — **mālus** *Mast.* — **praecīdere ancoras:** *die Ankertaue kappen,* kennzeichnend für die Übereilung. — **etsi:** *immerhin.* — **etiam tum:** *immer noch.* — **moliri:** *sich abmühen.*

89. **reliquum facere:** *übriglassen.* — **reddere** (vitam viresque): *einsetzen.* — **ferro:** Ablativ. — **constratus:** *mit Deck versehen.* — **prōpūgnāculum** *Schutzwehr;* hier *Schutz; Halt.* — **versaretur, videretur.** Gelegentlich steht in einem irrealen Satzgefüge der Vergangenheit der Konjunktiv Imperfekt, „wenn nämlich der Schriftsteller sich geistig den in der Vergangenheit dauernden Zustand vergegenwärtigt" (Menge). — **urbs** hier etwa *Festung.* — **instar;** s. zu 44. — **myoparones;** s. zu 73.

90. **versus** Präp. c. acc. *nach . . . hin.* — **neque tam . . . quam:** *aber nicht so sehr . . . wie.* — **imperatorem** ironisch. — **publice:** *mit dem Geld der Staatskasse.* — **iūrātus** *vereidigt.* — **praefectus:** *Kapitän.*

91. **eiecerat** drückt die Hast aus. — **flūctuārī** *wogen;* hier *schaukeln.* — **sălum** *Seegang.* — **reliqui,** also noch vier. — **repugnare:** resistere. — **nequitia;** s. zu 87. — **pulcherrimam;** vgl. praeclara in speciem 86. — **primum:** *eben erst; gerade.*

95. **etiam:** *noch.* — **accedere,** natürlich zu Wasser. — **vidēlicet** Adv. *offenbar; natürlich.* — **moenia:** *Bauwerke.* — **statuerant;** s. Sprache 6.

96. **aestīva,** -ōrum *Sommerlager.* Ironisch gemeinte Ausdrücke aus dem militärischen Bereich verwendet Cicero nicht selten; vgl. im folgenden **castra.** — **offendere:** *antreffen; vorfinden.* — **alluere** *bespülen.* — **sĭnus,** -ūs *der Bausch* des Gewandes über dem Gürtel; bildlich: *das Innere; Herz.* — Vgl. die Beschreibung IV 117.

97. Cicero nimmt die Tatsache, daß Piraten im Inneren von Syrakus sozusagen spazierenfahren, zum Anlaß, das Demütigende der Situation mit Pathos auszumalen. — **ad arbitrium:** *nach Belieben.* — **nomen ac fasces:** Hoheit und Hoheitssymbole, bildlich für den Inhaber des imperium. — **crepīdō,** -inis f. *Sockel;* auch *Ufermauer; Kai.* — **aspīrāre** *anhauchen;* hier etwa *sich auch nur nähern.* — **gloria navalis** im Deutschen konkret: *ruhmvolle Seemacht.* — **ante . . . in foro . . . quam in portu:** wieder Übertreibung.

98. nāviculae etwa *armselige Schiffe.* — **trecentis:** Übertreibung. Nach Thukydides bestand die athenische Expeditionsflotte aus 100 Schiffen; dazu kamen etwa 30 Schiffe von Verbündeten. Später wurden zur Verstärkung noch 73 Fahrzeuge nach Sizilien geschickt. — **comminuere** *verringern.* — **nobilitas:** *Größe.*

100. lūdĭbrium *Spielzeug;* auch *Spott.* — **nēquam** (undeklinierbar) *nichtsnutzig; schlecht;* Superlativ: **nēquissimus.** — **respergere** *bespritzen.*

4. Die Verurteilung von vier sizilischen Kapitänen: ein vierfacher Justizmord

satietate, da sie gesehen hatten, was sie sehen wollten. — **perditis;** s. zu 87.

101. infamia c. gen.: *das abfällige Gerede über.* — **praepositi:** praefecti. — **reliqui:** fünf von den sieben Kapitänen. — **mittere:** *beurlauben.* — **audacia:** *Skrupellosigkeit.* — **tenere** in dem Sinn wie unser „*festnageln*“; also etwa *klarstellen.* — **homo:** Verres. — **conventu;** s. Sprache 6. — **missio** wie **dimissio** 86. — **rationem;** s. Sprache 6. — **causam;** s. Sprache 6. Verres rechnete also mit der Möglichkeit einer Anklage in Rom. — **statuerat;** s. Sprache 6. — **hoc:** *diese* böse *Affäre.* — **usu venit:** accidit. — **crimen sustinere:** *einer Beschuldigung standhalten;* das heißt: der Verurteilung entgehen. — **verum tamen:** *aber immerhin.* — **clemens,** im Vergleich zu seinem späteren Entschluß.

102. enimvero: *denn auch wirklich.* — **ostendere:** *sich bereit erklären.* — **prōcrāstināre** *aufschieben.* — **advocat,** nämlich als Zeugen. — **iis:** nauarchis. — **in tabulas;** s. Sprache 6. — **obsignare:** *versiegeln lassen.* — **signum:** *Siegel.* — **videlicet;** s. zu 5.

103. etiam plus: *sogar noch mehr.* Wenn Verres im voraus entlastende Aussagen zu Protokoll nehmen und die Protokolle von Zeugen unterschreiben läßt, so muß eine solche „Vorsicht“ auf jeden Fall Verdacht erregen. — **litteris:** s. Sprache 6. — **tollere:** *tilgen.* — **referre:** *eintragen.* — **nunc:** bei dem Prozeß. — **posteaquam** c. praes.: *seitdem; jetzt, da.* — **auctoritatibus;** s. Sprache 6. — **ubi hoc videt** nimmt die Erzählung wieder auf. — **confessio:** *Erklärung.* — **tabellas:** tabulas. — **importunus:** *brutal.* — **extenuāre** *abschwächen.* — **tollere:** hier *aus der Welt schaffen.*

104. Cleomene: abl. limitationis. — **animadvertere in:** *vorgehen gegen; bestrafen.* — **dicto audientes esse;** s. zu 85. — **missum facere** hier *straffrei ausgehen lassen.* — **inanes;** s. zu 63. — **apertus:** *ohne Deck.* — **dissolutus:** *nachsichtig.* — **constratam:** s. zu 89. — **minus exinanitus:** *weniger schwach bemannt.* — **una** (cum nauarchis). — **ubi.** Wir sagen: *aber wo blieb da?* — **exsecrātiō** *Verwünschung*, die man bei der Übernahme einer Verpflichtung auf sich selbst herabruft für den Fall, daß man sein Wort nicht hält; daher *Schwur; Beteuerung.* — **dextera:** *Händedruck.* — **contubernium** *Zeltkameradschaft*, wieder ein ironisch gemeinter Ausdruck aus dem militärischen Bereich; ebenso **muliebris militia:** *Damenfeldzug; „Weibercampagne".* — **dēlicātus** *reizend; anmutig.*

105. rationes; s. Sprache 6. — **ferre:** *mit sich bringen; erfordern;* hier fast bedeutungsgleich mit **postulare.** — **istius culpae,** die darin besteht, daß Kleomenes anders behandelt werden soll als die Kapitäne. — **quam** wie quam ut. — **fugit me** *es entgeht mir; ich beachte nicht.* — **eiusmodi;** s. EN, Centuripae. — **post** Adverb. — **videbimus** im Sinne von reperiemus. Tatsächlich blieb Phalakros am Leben; vgl. 122.

106. scelus: *Bosheit.* — **nauarchos,** und zwar vier. — **fidem;** s. Sprache 6. — **hoc causae** (esse). — **praedonum socius.** Das schloß man aus dem früheren Verhalten des Verres; vgl. 64 ff. — **arbitraretur** passivisch. — **deinde:** *ferner.*

107. non quo: *nicht als ob; nicht weil.* — **cuicuimodi** (aus cuiuscuiusmodi) *von welcher Art auch immer.* — **magnopere facere:** *Großes leisten.* — **atque** steigernd: *und . . . sogar.* — **īnsusurrāre** *zuflüstern.* — **ferrum:** *Halseisen.*

108. apponere: *aufstellen.* Damit der Schein des Rechtes gewahrt blieb, mußte ein Ankläger auftreten. — **appositus:** *geeignet; brauchbar.* Beachte das Wortspiel **apponitur / appositus.** — **decuma** *der Getreidezehnte*, bei dessen Einziehung allerlei Betrügereien vorkamen. Davon handelt die dritte Rede. — **rebus capitalibus;** s. zu II 68. — **calumnia** *Intrige.* — **praecursor** *Wegbereiter;* auch *Spitzel.* — **ēmissārius** *Spion; Agent.* — **collo et cervicibus;** vgl. ferrum 107. — **proclamare:** *laut protestieren.* — **eum illa auctoritate:** *diesen Mann von . . .* (**ille** wie oft: *bekannt; schon erwähnt*). — **miseria** *Jammer; Elend.* — **ius atque nomen:** das Wort und der damit verbundene Rechtsbegriff. — **aliquam ad partem:** *wenigstens in einem gewissen Maße.*

109. bēlua *Ungeheuer.* — **per hospitium:** *unter Mißbrauch der Gastfreundschaft.* — **in reos referre:** *auf die Liste der Angeklagten setzen; in Anklagezustand versetzen.* — **causa indicta:** s. Sprache 6. — **patrem** (tuum), **filium** (tuum). — **liberum:** gen. obiectivus. -um ist die ursprüngliche Endung des Genetiv Plural der o-Deklination. Diese Endung hat sich in manchen Wörtern neben der jüngeren Endung -orum gehalten. — **indulgentia** *Nachsicht;* auch *Güte.*

110. quid ita?: *warum denn?* Cicero formuliert vier Fragen, und zwar so, als wenn Dexo sie gestellt hätte. Die Antworten, die dem Verres in den Mund gelegt werden, sollen zeigen, daß jede Verteidigung von vornherein zwecklos war. — **praemium:** Verräterlohn. — **deseruerat** (classem). — **quid Cleomenes** (fecit)? Sinn: Dann müßte doch auch Kleomenes Verrat begangen haben. — **ignavus fuerat** (Aristeus). — **corona:** Ehrenzeichen für besondere Leistungen. — **missio** wie **dimissio** 86. — **ex altera parte** (tribunalis). — **laedere** (mit Worten) *angreifen; beleidigen.* — **nudus.** Man riß ihm die Kleider vom Leibe, um auf diese drastische Weise deutlich zu machen, daß er Schläge bekommen würde, wenn er noch ein Wort gegen Kleomenes sagte. — **destituere:** (*hilflos*) *stehenlassen.*

111. causam; s. Sprache 6. — **incommoda:** ein milder Ausdruck für die Leiden der Sizilier. — **qui:** ut is. — **eius:** Cleomenis. — **commeatus** hier *Urlaub.* — **etenim:** *ja . . . auch.* — **hoc,** wenn er nämlich ohne Genehmigung des Kleomenes in Syrakus zurückgeblieben wäre. — **animadvertere** hier trans.: *bestrafen; ahnden* (vgl. 104). — **in eadem causa fuit:** *er wurde ebenso behandelt.* — **causa criminis:** *Vorwand zur Anklage.*

112. illi: Siculi. — **nonnulla** im Deutschen Adverb: *hier und da.* — **laederet;** s. zu 110. — **quanti:** *für welchen Preis.* — **dimiserit,** natürlich auf Befehl des Verres, der ja das Geld dafür einsteckte. — **quae:** *diese Angaben.* — **virga** *Rute.* — **oculi:** *Gesicht.* — **impudīcus** *schamlos; sittenlos.*

113. deinde; s. zu 106. — **vos:** iudices. — **cognoscere:** *einschätzen; beurteilen.* — **gravis:** *gewichtig.*

114. condemnat (Verres). — **de sententia:** *dem Gutachten entsprechend.* — **consilium;** s. zu I 72. — **tot hominum:** *die so viele Menschen anging.* — **talem:** tam honestum. — **reiectus;** s. Einl. 4 und s. zu AP 10, in reiectione. — **lătro:** *Abenteurer; Gauner.* — **comites:** cohors praetoria; s. zu II 17.

115. hic wie tum. — **socii:** s. zu D 37, sociorum. — **fortunae:** *Besitz.* — **illam;** s. zu 108, eum illa auctoritate. — **defensio:** *Rechtfertigung.* — [illegible]

117. supplicium sumere de: *die Strafe vollziehen an.* Die Strafe wurde gewissermaßen auch an den Eltern vollstreckt, und zwar durch die Maßnahmen, unter denen sie zu leiden hatten.

118. quos videtis, nämlich hier als Zeugen. — **pernoctāre** *übernachten.* — **liberum;** s. zu 109. — **postremum spiritum excipere** (*aufnehmen; auffangen*) galt als letzte Pflicht einem Sterbenden gegenüber. — **iānitor** *Pförtner.* — **carnifex,** -fĭcis *Scharfrichter.* Beachte die Steigerung: **ianitor, carnifex, mors terrorque.** — **ut adeas:** *dafür, daß du (ihn) besuchen darfst;* Forderung des Liktors. — **quid?:** *was bekomme ich?* — **spiritum auferre:** *den Geist aufgeben.*

119. suo drückt das Furchtbare und zugleich Widersinnige der Situation aus: Die Verurteilten mußten „ihren" Sextius bei guter Laune halten! — **plāga** *Schlag; Hieb.* — **inventi** (sunt). — **verum tamen:** *aber . . . doch wenigstens.* — **non erit.** Cicero versetzt sich in die damalige Stimmung der Eltern. Von deren Standpunkt aus sind die Futura zu verstehen. — **redimant.** So sagen Verres und der Liktor.

120. decīdere: (ein Geschäft) *abmachen; erledigen.* — **deligantur,** nämlich an die Pfähle.

121. ferreus *eisern.* Wir sagen dafür: *von Stein.* — **aetate;** s. zu 64. — **ita:** *nur insoweit.* — **illorum** (esse). — **tamen** deutet den Gedanken an: Wenn es auch nicht ihr eigenes Schicksal war, so ging das Schicksal der Verurteilten doch auch die anderen Sizilier an. — **eluere:** *abwaschen.* — **praeceps.** Wir ersetzen den bildlichen Ausdruck durch *blind.* — **ferri:** *dahintaumeln.* — **avaritiae vulnera:** *die Wunden, die deine Habsucht geschlagen hat.* — **desunt,** nämlich als Zeugen gegen und für. — **poena** c. gen.: *Vergeltung für.* — **causam;** s. Sprache 6.

122. captus est; vgl. 90. — **incidere in:** *in die Hände jemandes fallen.* — **pro testimonio:** als Zeuge

133. Netinorum. Hier werden Gemeinden als Zeugen gegen Verres genannt, die für das Unternehmen gar keine Schiffe gestellt hatten. Vielleicht hatten sie aber Ruderer und Seesoldaten stellen müssen. — **imperator;** s. zu 90. — **praesidio;** vgl. 87. — **suum numerum:** *die richtige Zahl.* — **haberent;** s. zu 89, versaretur. — **instructus ornatusque:** *vollständig ausgerüstet.* — **non modo;** s. zu III 14. — **accedere.** Bei der im Verhältnis zur Größe der antiken Kriegsschiffe sehr hohen Zahl der Ruderer und Seesoldaten war für überzählige Mannschaften kein Platz. Eine athenische Triere in der Zeit des Peloponnesischen Krieges z. B., deren Wasserverdrängung man auf etwa 150 Tonnen schätzt, hatte eine Bemannung von ungefähr 200 Mann.

134. reliquos: die überhaupt an Bord waren. — **perditos;** s. zu 87. — **optimam, plurimos;** vgl. 88. — **constituere:** *hinstellen; dastehen lassen.* — **plagae;** s. zu 119.

Rechtswidrige Verurteilung römischer Bürger

139. officium ac necessitudo: *die Pflicht, die sich aus . . . ergibt.* **necessitudo:** *die engen Beziehungen,* die Cicero zu vielen sizilischen Gemeinden hatte. — **receptum:** *die übernommene Aufgabe.* — **ea causa:** *die Seite des Prozesses.* — **iam non** drückt aus, daß das Wort **recepta** *nicht mehr* ausreicht. — **pĕnĭtus** Adv. *tief innen.*

140. maximus conventus: *gewaltige Volksmasse.* Dagegen ist bei **e conventu** der *Bürgerverband* gemeint (s. Sprache 6). — **vetus:** *alteingesessen.* — **tribunal;** s. zu II 94. — **virgis;** s. zu 112. — **abicere:** *niederstrecken.* — **hoc primum** (crimen). — **plagis;** s. zu 119.

141. tametsi: *freilich.* — **iūs cīvitātis** *Bürgerrecht.* Das Gesetz verbot allen Magistraten, einen römischen Bürger schlagen zu lassen. — **nequitia;** s. zu 87.

143. nam quid . . . loquar? Übergangsformel, in der **nam** sinnvoll erscheint, wenn man davor ergänzt: Eigentlich genügt das angeführte Beispiel schon. Wir geben die Formel wieder mit *doch was soll ich . . . sprechen?* — **generātim** Adv. *gruppenweise.* — **quae** auf das Prädikativum bezogen. — **lautumiae;** s. zu 68. — **offendere** eigentlich: *durch Anstoßen verletzen.* — **retinere:** *wahren.* — **existimatio;** s. Sprache 6. — **sit** innerlich abhängig. — **statuitis;** s. Sprache 6.

144. custodias: carcerem. — **mihi venit in mentem** c. gen.: *mir kommt der Gedanke an etwas.* — **species** *Bild.* — **ipsa** einschränkend: *auch nur.* — **oculi animusque:** *geistiges Auge.* — **cadere sub:** *verfallen.*

145. libido: *Gier.* — **praedari:** *sich bereichern.* — **accipere aliquem** (selten): *über jemand vernehmen (hören).* — **prōmuntŭrium** *Landspitze; Kap.* — **imminere in:** *belauern.* — **index, -ĭcis** *Spion; Spitzel.* — **vectores:** *Seeleute und Fahrgäste.* — **longo intervallo:** *nach langer Zwischenzeit.* — **quoddam;** s. zu 1, quidam. — **immanitas:** *Barbarei.*

146. freto; s. zu II 21. — **immānis:** *furchtbar.* — **canibus;** s. zu I 126. — **succingere:** *gürten;* hier *umgeben.* Man stellte sich Skylla als ein fürchterlich bellendes Ungeheuer vor; daher der Hinweis auf die „Hunde". — **importunus:** *wild; gefährlich.* — **eam partem:** agrum Aetnensem. — **subicere:** *vorschieben.* — **plenus:** *mit reicher Ladung.* — **tūs,** tūris n. *Weihrauch.* — **odores:** *wohlriechende Essenzen.* — **vestis** kollektiv: *Stoffe.* — **lintĕus** *aus Leinen.* — **margarīta** *Perle.* — **vēnālis** *verkäuflich;* als Substantiv: *Sklave.* — **eas:** Subjekt des a. c. i., auf **causas** bezogen. — **haec:** *diese Waren.*

147. institutum: *Maßnahme.* — **lectissimum;** s. Sprache 6 (amplus). — **cervicem frangere:** *erdrosseln.* — **iam** steigernd:

geradezu. — **ille:** *der übliche.* — **vox et imploratio;** s. Sprache 4c. — **ea** nimmt **vox et imploratio** wieder auf. — **maturius,** da Verres den in Sizilien wohnenden römischen Bürgern keine Zeit zu Bittgesuchen und Protesten lassen wollte.

149. vindicare: *bestrafen; ahnden.* — **dimittere:** *hingehen lassen;* s. zu AP 20, absolvitur. — **nāviculārius** *Schiffseigentümer.* — **iam non:** *schon gar nicht mehr.* — **retentos** (mercatores esse). — **mancipiis;** s. zu 80.

150. huius: nostri.

Die Kreuzigung des Gavius

158. nam quid ... dicam? bringt (anders als nam quid loquar 143) eine Steigerung: *ja, und was soll ich erst ... sagen?* — **mūniceps,** -cĭpis *Einwohner eines* municipium, einer italischen Landstadt, also römischer Bürger. — **aut** in rhetorischen Fragen: *und.* — **gravitas:** *Wucht.* — **tametsi:** *freilich.* — **ut:** *aber daß.* — **cetera:** die rhetorischen Mittel.

160. quem dico: *von dem ich spreche.* — **qui videret** kausal. — **odor legum:** im Deutschen ein unmögliches Bild! Wir sagen: *Hauch* (oder *Atmosphäre*) *rechtlicher Ordnung.* — **praestō** Adv. *zur Stelle.* Sinn: Gavius will Verres, wenn er nach Rom zurückkehrt, gebührend empfangen. — **interest;** s. zu 85. — **adiutricem, receptricem, consciam.** Der stärkste Ausdruck steht am Anfang, der schwächste am Ende. — **furtorum;** s. zu 44. — **receptrīx,** -īcis *Empfängerin;* hier *Hehlerin.* — **asservatum,** also in Haft. — **statuere in:** *vorgehen gegen.*

161. scelere: s. zu 106. — **os** oft *Gesicht.* — **tandem** in der Frage: *eigentlich.* — **proripi** (e carcere). — **virgas;** s. zu 112. — **expedire:** *bereitlegen.* — **merere:** *dienen* (als Soldat). —**splendidissimo;** s. Sprache 6 (amplus). — **negotiari:** *als Kaufmann leben.* — **fugitivorum;** s. zu 1. — **index** „*Anzeiger*"; auch *Anzeichen; Anhaltspunkt.* — **undique:** *am ganzen Leibe.*

162. cum interea: *wobei.* — **crepitus:** *Klatschen; Sausen.* —**civitas:** *Bürgerrecht.* — **depellere** und **deicere** ohne wesentlichen Unterschied. — **nomen civitatis:** *das Wort „Bürgerrecht".* — **crŭx,** crŭcis f. *Kreuz.* — **aerumnōsus** *armselig.* — **pestis,** -is f. *Seuche;* auch *Unheil.* Gemeint ist das Kreuz oder Verres.

163. nomen; s. zu 162. — **eximium,** insofern es in anderen Staaten ein solches Recht nicht gibt. — **aliquando:** *endlich.* — **reddita;** s. Einl. 9, Ende. — **hucine recidit?:** *ist es dahin gekommen?* — **haec omnia:** alles, was wir unter Recht und Freiheit verstehen. — **foederatorum;** s. zu III 13(a). — **quid?** s. zu D 45. — **lāmina,** -ae *Metallplatte,* erhitzt als Marterwerkzeug gebraucht. — **crucia-**

tus konkret: *Marterwerkzeug.* — **inhibere** *zurückhalten.* — **in crucem agere:** *kreuzigen.*

169. quid plura (dicam)? — **īnfēstus** *angriffsbereit; feindselig.* Die Bedeutungsunterschiede von **infestus, hostis, inimicus** lassen sich kaum wiedergeben. — **ac non:** *und nicht vielmehr.* — **genus:** *Gattung; Menschenklasse.* — **quid attinet?** mit dem a. c. i.: *was hat es zu bedeuten?* — **post urbem,** also zur Landseite. — **fretum;** s. zu II 21. — **domus:** *Heimat.* — **servitutis iura** paradox. — **alumnus** *Zögling; Kind.* — **servitutis supplicio:** Ablativ. Zur Kreuzigung durften nur Sklaven und ausländische Verbrecher verurteilt werden. – **affixum** (cruci).

170. facinus, scelus, parricidium steigernd: *Straftat, Verbrechen, Mord.* — **prope.** Die Todesstrafe, von einem Statthalter verhängt, verstößt zwar gegen Gesetz und Moral, ist aber doch kein Mord im gewöhnlichen Sinne. — **iam vero:** *nun . . . doch nur.* — **comĭtium:** der Platz für Volksversammlungen (comitia tributa) am Forum. — **rōstra,** -ōrum *Schiffsschnäbel;* die mit Schiffsschnäbeln verzierte *Rednerbühne* am Forum. — **quod:** eum locum, quem. — **his locis:** foro, comitio, rostris. — **celebritate:** *was den lebhaften Verkehr angeht.* — **regione** eigentlich überflüssig, der Symmetrie wegen hinzugefügt. — **audacia:** *Vermessenheit.* — **vestibulum:** *Zugang; Schwelle.* — **praetervectio** hier die *Stelle, an der man vorbeifahren muß.*

Schon im vorigen Abschnitt (139 ff.) hat Cicero das Thema der Repetundenanklage verlassen und sich mit der Willkürjustiz des Verres römischen Bürgern gegenüber befaßt. Diese Ausführungen bilden den Übergang zu dem Abschnitt, in dem berichtet wird, wie Verres einen römischen Bürger ans Kreuz schlagen ließ. Die Ungeheuerlichkeit dieses gegen jede Rechtsordnung verstoßenden Gewaltaktes, mit mächtigem Pathos geschildert, gibt der Rede einen wirkungsvollen Abschluß, der jedem noch einmal die verbrecherische Gesinnung des Angeklagten vor Augen führen soll.

Schluß

Große Reden wurden oft mit einer Anrufung der Götter beendet, bei der der Redner, wenn es anging, den Hauptinhalt seiner Ausführungen kurz zusammenfaßte. Unter Berücksichtigung des religiösen Charakters der Schlußworte begnügt sich Cicero damit, nur die Sakrilegien des Verres zu erwähnen[10], auf andere Verbrechen geht er nicht ein.

---

[10] Nicht alle der hier genannten Fälle sind in der vorliegenden Auswahl enthalten.

184. Im letzten Abschnitt der Rede kommt wiederholt das Wort **religio** vor; s. Sprache 6. — **donum:** *Weihegeschenk;* vgl. IV 60 ff. — **regibus;** s. zu IV 61. — **dĭcāre** *zusprechen; geloben.* — **Syracusis;** vgl. IV 129 f. — **Sami;** vgl. I 50. — **Athenis;** vgl. I 45. — **Syracusis;** vgl. IV 118, 122, 124.

185. Apollo, Deli; vgl. I 46. — **non fanum.** Dieses Wort erscheint zu schwach, wird deshalb durch die wärmer klingenden Wörter **sedes** und **domicilium** ersetzt. — **opinio et religio;** s. Sprache 4c. — **ferre:** *berichten.* — **latrocinium atque impetus:** *Raubüberfall.* — **compīlāre** *ausplündern.* — **teque etiam atque etiam:** *und dich und wieder dich.* — **Pergae;** vgl. IV 71. — **Segestae;** vgl. IV, 72, 74 ff. — **Mercuri;** vgl. IV 84 ff. — **palaestra** *Sportplatz.* Verres hatte den Hermes einem Freunde geschenkt, vielleicht auch verkauft. — **praesēs,** -ĭdis *Schirmherr; Patron.*

186. Hercules; vgl. IV 94 f. — **nocte intempesta;** s. zu IV 94. — **convellere:** *losreißen.*

187. sacra: *Kulthandlungen; Kult.* — **occultissimis;** vgl. IV 99, 101 f. — **continentur** c. abl. Wir sagen: *Sie vollziehen sich in.* — **mānsuētūdō,** -inis *Zahmheit;* hier *Zivilisation.* — **dispertīre** *austeilen.* — **ascīscere** *herbeiholen;* auch *übernehmen.* — **tueri:** *streng beobachten; wahren.* — **illis:** Graecis. — **huc:** Romam. — **quae:** sacra. — **polluere** *beflecken; entweihen.* — **Catina;** vgl. IV 99 ff. — **convellendum;** s. zu 186. — **Henna;** vgl. IV 106 ff. — **sede ac domo;** s. zu 185, non fanum.

188. etiam atque etiam: *wieder und wieder.* — **deae:** Ceres et Proserpina. — **praesidetis;** s. zu 185, praeses. — **fruges:** *Ackerbau.* — **contineri in:** *geeinigt sein in.* — **quodam;** s. zu 1, quidam. — **audacia;** s. zu 170. — **sacrĭlĕgus** *tempelschänderisch.* — **habuit indictum** drückt den Dauerzustand aus. — **si.** Wir sagen: *so gewiß, wie.* — **spectare ad** in Verbindung mit **salutem** und **dignitatem:** *hinzielen auf; sich richten auf;* in Verbindung mit **fidem** muß man es anders übersetzen. — **officium et virtus:** *unbeirrbares Eintreten für die Pflicht.* — **vigiliae cogitationesque;** s. Sprache 4c (labor et vigiliae). — **ēlabōrāre ad:** *hinarbeiten auf; dienen.* — **mens** hier *Gesinnung.* — **agenda;** s. Sprache 6. — **vestra** (mens et fides).

189. denique: *mit einem Worte.* — **si;** s. zu 188. — **audaciae;** s. zu 170. — **perfidia** hier *Gewissenlosigkeit.* — **libido:** *Willkür.* — **una** soll sagen, daß weitere Anklagen dieser Art in Zukunft hoffentlich nicht mehr nötig sind.
Wirkungsvoll betont Cicero am Schluß seiner Rede, daß er nur im Interesse von Recht und Gerechtigkeit als Ankläger auftrete, und er ruft die Richter auf, ihre Pflicht zu erfüllen.

ANHANG

sestertii, sestertia, sestertium

1. Die Geldeinheit, mit der man zu Ciceros Zeit gewöhnlich rechnete, war der **sēstertius** („*halb der dritte*“, nämlich 2½ a s s ē s), der oft auch bloß **nummus** (*Münze*) genannt wurde. Der Sesterz war eine kleine Silbermünze, deren Wert man, was die Kaufkraft angeht, kaum richtig bestimmen kann. In den großen Handwörterbüchern aus der Zeit um 1880 wird der Wert eines Sesterzes auf etwa 15 bis 18 Pfennige angesetzt. Ähnliche Wertangaben finden sich leider auch in neueren Wörterbüchern und Kommentaren. Die heutigen Preise der gewöhnlichen Verbrauchsgüter in DM betragen etwa das Sechs- bis Siebenfache der damaligen Mark-Preise[1]. Wenn also die Wertangaben um 1880 richtig waren — das ist keineswegs sicher —, müßte der Sesterz zu Ciceros Zeit m i n d e s t e n s die Kaufkraft einer DMark gehabt haben.

Zu dem gleichen Ergebnis führt ein Vergleich der altrömischen und heutigen Weizenpreise. Ein römischer **mŏdius** (*Scheffel*) faßte 8,7 Liter und hatte demnach ein Gewicht von etwa 6,4 kg[2]; das ist fast genau der achte Teil eines Zentners. Nach Cicero (III 189) kostete in Sizilien ein Modius Weizen 2 bis 3 Sesterze; ein Zentner würde also 16 bis 24 Sesterze gekostet haben. Heute (1966) verkauft der Bauer im Münsterland den Zentner Weizen für etwa 23 bis 24 DM. Der Höchstpreis des Weizens in Sesterzen entsprach also dem heutigen deutschen Normalpreis in D Mark. Also war die Kaufkraft des Sesterzes, was den Weizen betrifft, der der heutigen D Mark m i n d e s t e n s gleich[3].

Neben dem Sesterz galt zu Ciceros Zeit auch der **dēnārius** (*je zehn enthaltend*, nämlich a s s e s). Der Denar war eine Silbermünze und hatte den Wert von vier Sesterzen.

---

[1] „1 Mark im Jahrzehnt von 1880 bis 1890 besaß die Kaufkraft von [illegible] 5,2 DM, . . .“ (Arnau, Kunst der Fälscher, Fälscher der Kunst).

[2] Es kommt natürlich darauf an, wie trocken die Körner sind. Deshalb läßt sich das Gewicht nur ungefähr angeben.

[3] Übrigens hat Geld auch einen gewissen „Liebhaberwert“: je mehr Geld im Umlauf ist, desto schneller wird es ausgegeben. Die meisten Menschen in der Bundesrepublik geben heute leichteren Herzens 10 DM aus, als ihre Eltern und Großeltern 50 Pfennige ausgegeben haben.

2. **sēstertiī mīlle** (IV 32, 37) sind 1000 *Sesterze*, **sestertii mille sescentī** (IV 12) 1600 *Sesterze*, **bīnī sestertii** (III 196) *je zwei Sesterze*, **sestertii ternī** (III 163, 196) *je drei Sesterze*, **octōnī sestertii** (III 197) *je acht Sesterze* u. a.
sēmis *halb* wird undekliniert zu anderen Zahlen gefügt: **sestertii terni semis** (III 163) *je dreieinhalb Sesterze.*

3. In Verbindungen wie **sestertium sescenta mīlia** (I 36) 600000 *Sesterze* ist **sestertium** die alte Genetivform des Plurals, die gebräuchlicher ist als sestertiorum. Meist wendet man eine kürzere Ausdrucksweise an und sagt **sestertia sescenta**; d. h. aus dem Genetiv **sestertium** ist ein nur im Plural gebrauchtes Neutrum **sēstertia** geworden, das (unter Weglassung von **milia**) 1000 *Sesterze* bedeutet. Beispiele: **sestertia octōgintā** (II 69) 80000 *Sesterze*, **sestertia quīngenta** (II 93) 500000 *Sesterze.* — Diese verkürzte Ausdrucksweise ist eigentlich nur anwendbar, wenn die Summe im Nominativ oder Akkusativ steht; bei anderen Kasus wäre nicht zu erkennen, ob es sich um eine Form von **sestertius** oder von dem Neutrum **sestertia** handelt. Also unverkürzt: **sestertium sex milibus quīngentīs** (IV 12) *für* 6500 *Sesterze*, **sestertium quīnquāgēnīs milibus** (III 69) *zu je* 50000 *Sesterzen*, **sestertium quīngentīs milibus** (AP 23) 500000 *Sesterze* (abl. abs.).

4. Sehr große Zahlen werden durch Verbindung eines Zahladverbs mit **centēna mīlia** *je* 100000 gebildet: **děciēs centena milia** bedeutet also *zehnmal je* 100000 = 1 *Million.* Bei einer Geldsumme von 1 Million Sesterzen läßt man **centena milia** weg und sagt einfach **sēstertium deciēs** (II 20). Aus dem Genetiv Plural ist gewissermaßen ein Neutrum Singular **sēstertium** geworden, das, mit einem Zahladverb verbunden, eine *Summe von* 100000 *Sesterzen* bedeutet[4]. Weitere Beispiele: **sestertium trīciēs** (AP 38) 3 *Millionen Sesterze*, **sestertium duodētrīciēs** (III 163) 2,8 *Millionen Sesterze*, **(sestertium) nōnāgiēs** (III 163) 9 *Millionen Sesterze*, **(sestertium) centiēs et vīciēs** (III 163) 12 *Millionen Sesterze*, **quadringentiēs sestertium** (AP 56) 40 *Millionen Sesterze.*

5. Folgende Bedeutungen sind also zu merken:
sēstertiī *Sesterze*,
sēstertia n. (nur im Plural und im allgemeinen nur im Nominativ und Akkusativ) 1000 *Sesterze*,
sēstertium (nur im Singular und nur in Verbindung mit einem Zahladverb) 100000 *Sesterze.*

[4] Die Verbindung von **sestertium** mit einem Zahladverb kann, da es sich ja um eine Vielheit handelt, sinngemäß auch als Plural aufgefaßt werden. So haben z. B. in II 20 die meisten Handschriften sestertium decies numerata esse (nicht numeratum).

6. Hier sollen noch zwei etwas schwierige Beispiele erklärt werden. **vīciēs ducenta trīgintā quīnque mīlia quadringentōs decem et septem nummōs** (I 36), d. s. 2235417 Sesterze. — Zu **vicies** ist **sestertium** zu ergänzen; d. s. 2 *Millionen Sesterze.* Zu **ducenta triginta quinque milia** ergänze **sestertium** (Gen. Plur.); d. s. 235000 *Sesterze.* Dazu kommen noch 417 *Sesterze* **(nummos).** Unmittelbar danach folgt die Summe **sestertium** (Gen. Plur.) **mille sescenta trīgintā quīnque mīlia quadringentōs decem et septem nummōs,** d. s. 1635417 *Sesterze.* Der erste Teil der Summe (bis **milia**) bedeutet 1635000 *Sesterze.* Hier ist 1 *Million* durch **sestertium mille milia** (statt des gebräuchlicheren **sestertium decies**) ausgedrückt. Auch im Deutschen gibt es verschiedene Ausdrucksmöglichkeiten wie eintausendsechshundert oder sechzehnhundert.

7. In den Handschriften erscheinen statt der ausgeschriebenen Zahlwörter meist die bekannten Zahlzeichen. Für Sesterz wird das Zeichen HS (ursprünglich IIS = duo semis, d. s. 2½) gebraucht. Wenn nun mit HS der Plural **sestertia** gemeint ist, steht über den Zahlzeichen ein Strich; andernfalls bedeutet HS einfache **sestertii.** Also $\overline{\text{CC}}$ HS: **ducenta sestertia** (200000 Sesterze); dagegen CC HS: **ducenti sestertii** (200 Sesterze). Da aber in den Handschriften der Strich bisweilen undeutlich ist oder auch ganz fehlt, können Zweifel entstehen, welche Summe gelten soll. In Verbindung mit einem Zahladverb — das immer ausgeschrieben werden muß — kann HS natürlich nur **sestertium** (100000 Sesterze) bedeuten.

In der vorliegenden Ausgabe sind Zahlzeichen und das Zeichen HS nicht verwendet.